15214

INSTITUTION

DU CRÉDIT FONCIER

PAR

LA MOBILISATION DU CONTRAT HYPOTHÉCAIRE,

Par Louis-Paul **.

BAYEUX,

IMPRIMERIE DE LÉON NICOLLE, RUE SAINT-JEAN, 27.

1843

TABLE DES MATIÈRES.

INTRODUCTION.

Une institution uniquement fondée sur les bases solides et inébranlables du crédit foncier, serait utile aux capitalistes, car elle ouvrirait une voie nouvelle à la circulation des capitaux.

L'industrie, principalement celle de l'agriculture, y puiserait les plus abondantes ressources.

La faculté, pour l'agriculteur, d'éteindre et de faire revivre sa dette à volonté selon les besoins de son industrie, lui permettrait d'étendre ou de restreindre ses travaux selon les circonstances.

Les capitalistes y trouveraient un placement sûr et avantageux de leurs capitaux, tout en conservant la faculté de les réaliser à volonté.

Un titre, dont la valeur promptement négociable, est toujours en rapport avec le prix du numéraire résultant de son abondance ou de sa rareté, devient un *papier-monnaie* préférable au numéraire même.

Par ce moyen, le capital de la dette foncière insensiblement introduit dans la circulation, augmenterait considérablement la fortune publique, et le problème de la mobilisation du contrat hypothécaire serait résolu.

INSTITUTION
DU CRÉDIT FONCIER

PAR

LA MOBILISATION DU CONTRAT HYPOTHÉCAIRE.

EXPOSÉ PRÉLIMINAIRE.

De nombreux Établissements de crédit ont été institués pour les besoins du Commerce et de l'Industrie ; mais l'Agriculture est totalement privée de leurs secours. Cette industrie, la première de toutes, assujettie par les exigences de sa nature même à des conditions particulières d'existence et de prospérité, compromet l'une et l'autre et son avenir tout entier, dès qu'elle veut participer aux avantages offerts par ces Établissements, parce qu'ils ne peuvent lui procurer qu'un secours passager, éphémère, et par cela même dangereux et inefficace.

Ces Établissements ne livrent leurs capitaux que pour un temps extrêmement limité, et moyennant un intérêt élevé en proportion de la brièveté du délai ; tandis que pour être profitables à l'Agriculture, il faudrait non-seulement qu'on les lui laissât un certain nombre d'années à un taux d'intérêt proportionné au produit des immeubles, mais encore qu'on lui accordât pour sa libération des facilités qui lui permissent de l'effectuer progressivement et par portions déterminées assez légères, pour qu'une exploitation bien administrée puisse les acquitter annuellement sur ses seuls produits.

L'Agriculture n'a que des garanties hypothécaires à offrir ; mais elles ne sont point admises par les Caisses de crédit : la nature de ces garanties, les formalités qu'elles nécessitent sont autant d'obstacles à leur admission, encore bien que comme gage certain et positif, un immeuble présente naturellement plus de motifs de sécurité que n'en peuvent offrir de simples signatures.

C'est donc au crédit foncier que l'Agriculture doit avoir recours, car il est le seul toujours à même de lui procurer les plus abondantes ressources ; mais il faudrait qu'il fût approprié à ses besoins. La difficulté pour cette industrie n'est pas d'obtenir les capitaux qui lui sont nécessaires, mais bien de les rendre à point nommé au terme convenu, et c'est en cela que le crédit foncier, tel qu'il se pratique, ne répond pas à ses besoins d'une manière satisfaisante ; car les chances de succès en Agriculture se réalisent dans un temps plus ou moins éloigné, dont il n'est pas possible de déterminer à l'avance le moment précis qu'il faut pouvoir attendre longtemps et avec persévérance ; il en résulte une incertitude complète sur l'époque la plus convenable à choisir pour le terme de libération, dont la fixation d'ailleurs dépend bien moins de la volonté du débiteur que de celle du créancier.

Outre cela, il faut encore que le débiteur conserve disponible, et partant improductive, la somme destinée pour sa libération à mesure qu'il l'amasse par ses économies ; s'il veut l'utiliser par un emploi momentané, les circonstances viennent en foule déranger ses prévisions, et il s'expose à n'être point en mesure pour l'époque fixée. Une exploitation d'Agriculture, quelque bien administrée qu'elle soit d'ailleurs, est souvent obligée de faire le sacrifice de ses plus belles espérances, pour se procurer promptement le capital nécessaire à sa libération lorsqu'elle n'a aucun moyen d'en reculer le terme. L'échéance de sa dette, en la privant tout-à-coup de ses ressources au moment qu'elle en a le plus grand besoin, compromet son existence même ; les espérances les mieux fondées, sur le point de se réaliser, s'évanouissent : c'est ainsi que le terme d'échéance arrivé dans un moment fatal, produit sur une exploitation tout l'effet d'un désastre, et que l'époque de sa libération devient souvent aussi celle de sa ruine.

NOUVEAU SYSTÈME DE CRÉDIT FONCIER.

Un nouveau système de crédit foncier approprié à la nature des garanties hypothécaires, et en parfaite harmonie avec les besoins particuliers de l'Agriculture, assurera aux débiteurs, en premier lieu, les avantages d'une libération annuelle, progressive et facile ; et, en second lieu, les moyens d'activer leur libération par des paiements anticipés pour lesquels ils n'auront à consulter que leurs moyens, leur convenance et leur commodité.

L'Agriculture, plus libre dans ses moyens d'action, comptera encore parmi ses avantages, celui de profiter d'une année heureuse et productive, comme du vrai moment propice pour accélérer sa libération et anticiper les délais qu'il sera toujours loisible au débiteur d'abréger.

Ce système consiste dans la réunion combinée de toutes les garanties sur lesquelles, seules, repose avec raison la confiance publique, savoir :

Les garanties hypothécaires accompagnées des mesures de précaution qui en font le mérite et en assurent l'efficacité ;

Les garanties personnelles reposant sur une moralité constatée, un crédit et une solvabilité notoires, appuyés encore d'un cautionnement en numéraire ;

Et comme complément indispensable, la garantie d'une association régulièrement formée, agissant en qualité de compagnie d'assurance avec un capital social suffisant pour faire face à toutes les éventualités.

Un établissement spécial, destiné uniquement pour mettre en pratique les avantages du crédit foncier, sera formé du concours simultané de toutes ces garanties, et remplira les quatre conditions suivantes :

Premièrement. — Sécurité complète pour le capitaliste dans le placement de ses capitaux ;

Deuxièmement. — Le taux de l'intérêt fixé à quatre pour cent sera néanmoins toujours en rapport avec le prix du numéraire résultant de son abondance ou de sa rareté, parce qu'une combinaison lui en fera suivre toutes les variations, et c'est ainsi qu'il sera toujours modéré ;

Troisièmement. — Le créancier aura la faculté de rentrer dans son capital à sa volonté : cette condition est co-relative de celle du taux de l'intérêt ; car elle augmente le nombre des prêteurs et donne pour concurrents aux capitalistes tous ceux qui possédant momentanément du numéraire, saisiront volontiers l'occasion d'un placement dont le terme est à leur convenance ;

Quatrièmement. — Un long délai facilitera au débiteur sa libération qu'il opèrera progressivement, et par portions tellement modiques qu'elles ne dépasseront point le produit ordinaire d'une sage économie.

Indépendamment de ce délai, stipulé pour sa seule convenance, le débiteur conservera encore la faculté de se libérer par anticipation en autant de paiements qu'il jugera convenable, sans être obligé à l'avance d'en fixer ni la quotité ni l'époque ; de sorte que s'il est laborieux et intelligent, il profitera des circonstances favorables qu'il saura faire naître au besoin pour activer sa libération.

La faculté d'utiliser ainsi immédiatement et sur-le-champ le produit de son labeur, est un avantage précieux ; car on sait que le numéraire n'a de vertu réelle que par le mouvement et l'activité, son utilité ne se révèle que par son emploi ; c'est pourquoi le débiteur en mesure de se libérer en tout ou en partie, et qui néanmoins attend pour le faire que sa somme soit complète ou que le terme d'échéance soit arrivé, se trouve précisément dans la condition fâcheuse d'un entrepreneur obligé de conserver ses ouvriers dans les moments où il n'en a pas besoin ; il s'efforce de leur procurer des occupations étrangères à son industrie pour les tenir en haleine et atténuer sa perte, mais le préjudice qu'il en éprouve n'en est pas moins réel.

Pour l'intelligence de ce système de crédit, on va faire connaître les bases principales de l'Établissement, son organisation, ses garanties, la nature de ses opérations et les mesures propres à leur assurer la plus complète sécurité.

CHAPITRE PREMIER.

§ 1ᵉʳ. — Organisation.

L'Établissement formé en Société Anonyme sous la dénomination de *Caisse Immobilière*, sera administré par un conseil d'administration et un directeur.

§ 2.— Fonds social de garantie.

La Caisse Immobilière ne devant fonctionner que comme intermédiaire entre l'emprunteur auquel elle procure les sommes dont il a besoin, et le capitaliste auquel elle assure le placement de ses capitaux, dont elle demeure garante et responsable envers lui, il suffit que le fonds social de garantie soit en rapport avec le montant des capitaux placés par son entremise, pour offrir un gage certain de sécurité.

L'Établissement auxiliaire de ses débiteurs les couvre et les efface pour devenir lui-même directement le principal et unique débiteur envers leurs créanciers ; il faut donc qu'il ait à sa disposition un capital social suffisant pour le mettre à même de satisfaire, à jour fixe, ponctuellement à ses engagements, avec la régularité et la même exactitude que l'on remarque dans le service journalier des Caisses publiques de l'État.

Son recours contre les débiteurs réels s'exerce comme chose absolument étrangère aux créanciers qui n'y sont jamais appelés.

Quant aux chances de pertes auxquelles est exposé l'Établissement en raison de l'insolvabilité des débiteurs, on verra que les risques peuvent à peine l'atteindre, et qu'ils sont d'ailleurs incomparablement moindres que ceux qui menacent constamment les sociétés d'assurances contre l'incendie ou maritimes, dont le fonds social ne s'élève jamais à cinq pour cent du montant des assurances, et qui néanmoins offrent toute sécurité à leurs assurés ; car les placements effectués par l'intermédiaire de la Caisse sont déjà, et avant tout, garantis par de bonnes hypothèques, et de plus par la responsabilité d'agents solvables et cautionnés, qui auront agi dans chaque opération comme intermédiaires particuliers entre la Caisse et les débiteurs ; de sorte que l'Établissement n'est appelé à remplir à cet égard que l'office de la troisième signature qui en matière commerciale procure aux effets négociables les avantages du papier-monnaie, et qui en matière civile et hypothécaire doit offrir plus de sécurité encore.

§ 3.— Garanties affectées aux placements.

Les placements opérés par l'intermédiaire de la Caisse sont garantis de la manière suivante :

1° Par l'hypothèque spéciale que fournit chaque débiteur sur des immeubles reconnus et constatés suffisants pour assurer sa dette ; à cet égard on va voir que les mesures prises par l'Établissement, ne permettent d'élever aucun doute sur la solvabilité de ses débiteurs et sur la sincérité de leurs garanties hypothécaires ;

2° Par la responsabilité d'un syndicat de première garantie ;

3° Par le cautionnement spécial fourni en numéraire par chacun des membres du syndicat, outre sa garantie personnelle ;

4° Par un fonds de réserve, tant en numéraire qu'en rentes sur l'État, déposé dans une

— 5 —

Caisse spéciale et destiné principalement pour assurer la régularité du service de la Caisse Immobilière ;

5° Et par le fonds social de l'Établissement, lequel est affecté uniquement à la garantie spéciale , comme assurance des opérations de la Caisse contre toutes les éventualités de quelque nature qu'elles soient.

§ 4.—Syndicats de première garantie.

Il sera établi, dans le ressort de chaque cour royale, un Syndicat de première garantie, composé de trois membres, fournissant chacun un cautionnement déterminé.

Les membres composant le même syndicat seront solidairement responsables des opérations contractées par son entremise.

Néanmoins, la Caisse ne pourra excercer son recours contre eux qu'après avoir discuté l'hypothèque fournie par le débiteur.

§ 5.—Attributions du Syndicat.

Les Syndicats, chacun dans le ressort qui lui est assigné, constateront, sous leur responsabilité personnelle,

1° L'individualité du débiteur et sa capacité de contracter ;

2° Son droit de propriété aux immeubles par lui offerts en hypothèque , en remontant à leur origine depuis au moins trente ans ; la valeur de ces immeubles en capitaux et revenus ;

3° Sa situation hypothécaire et son état civil ; s'il est célibataire , veuf ou marié, tuteur de mineurs ou d'interdits, ou comptable de deniers publics.

Le Syndicat est mis dans l'obligation d'assurer aux placements , sur sa responsabilité , la sécurité hypothécaire la plus complète ; il est appelé à faire en cela ce que font habituellement les notaires pour le placement des capitaux de leurs clients; avec cette différence que les notaires ne sont pas toujours déclarés responsables, et qu'ils ne fournissent point un cautionnement particulier pour cette nature d'opérations , encore bien que les fonds leur soient quelquefois déposés; tandis que le Syndicat, toujours responsable des opérations contractées par son entremise, fournit un cautionnement spécial, et n'est jamais constitué dépositaire d'aucune somme.

Le certificat délivré par le Syndicat, sera signé de tous ses membres, et fixera le montant des sommes à fournir sur les garanties offertes.

§ 6.—Indemnité accordée au Syndicat.

Il est alloué au Syndicat, à titre d'indemnité de ses soins et de prime , pour sa garantie particulière , un pour cent du montant de chaque opération.

Cette indemnité lui est payée, non par les débiteurs, mais par la Caisse.

CHAPITRE II.

§ 1er.—Opérations de la Caisse.

Sur la production du certificat de solvabilité délivré par le syndicat de première garantie, avec toutes les pièces à l'appui, la Caisse fournit aux personnes qui contractent avec elle les capitaux dont elles ont besoin, en obligations de la Caisse payables au porteur et négociables.

§ 2.—Mode de libération pour le débiteur.

Le débiteur s'engage envers la Caisse à lui payer, chaque trimestre pendant treize années, une annuité de deux et demi pour cent du capital, ce qui fait dix pour cent par an, pour les quatre annuités trimestrielles réunies.

L'acquit intégral de toutes les annuités à l'échéance libère le débiteur, et la Caisse lui en donne quittance, avec main-levée de l'inscription hypothécaire.

Toute annuité non acquittée à son échéance produit, à partir de cette époque, un intérêt de cinq pour cent par an au profit de la Caisse.

§ 3.—Prime d'assurance.

La Caisse perçoit, à titre d'indemnité et de prime d'assurance, deux et demi pour cent du montant de chaque opération.

Sur le montant de cette prime, un franc est alloué au syndicat de première garantie, pour son indemnité particulière réglée par le § 6 du chapitre précédent.

Quant aux 1 fr. 50 cent. de surplus, ils forment la portion attribuée à la compagnie chargée de l'administration de l'Établissement.

Cette prime est destinée pour indemniser la compagnie,

1° De l'intérêt dont elle est totalement privée pendant toute la durée de l'opération d'une somme égale à 97 centimes 436 pour cent du montant de cette opération qu'elle fournit en numéraire à la réserve ;

2° De la libre disposition dont elle est également privée pendant le même espace de temps, d'une somme égale à 1 fr. 94 cent. 872 pour cent qu'elle fournit encore à la réserve, mais en inscriptions de rentes 3 pour cent sur l'État ;

3° Des frais de gestion des opérations effectuées, depuis leur naissance jusqu'à leur terme ;

4° Et des pertes auxquelles elle est exposée, comme débitrice directe envers les porteurs d'obligations, aux lieu et place des débiteurs réels, auxquels, par l'effet des opérations, elle substitue sa garantie et son crédit.

§ 4.—Formalités du contrat.

Le contrat de prêt est passé devant notaires, aux frais du débiteur; il contient la déclaration par lui faite, sous les peines de stellionat, de sa situation hypothécaire et de son état civil.

§ 5.—Création d'obligations au porteur.

Le contrat passé entre la Caisse et l'emprunteur contient, jusqu'à concurrence du montant du prêt, création d'obligations de cinq cents fr., payables au porteur et négociables.

Ces obligations portent intérêt à raison de 4 p. °$[_0$, payables annuellement par la Caisse.

Le titre de chaque obligation, extrait d'un registre à souche, contiendra la date et l'énoncé du contrat de prêt, les nom, profession et demeure du débiteur; le montant du capital prêté par la Caisse, l'indication abrégée des immeubles hypothéqués, la date et l'énoncé de l'inscription hypothécaire.

§ 6.— Remboursement des obligations.

Les obligations seront remboursées par treizièmes, d'année en année, à mesure de leur sortie, par l'effet d'un tirage au sort qui aura lieu chaque année, et dont le résultat sera rendu public, comme avertissement aux porteurs.

Pour opérer le tirage au sort, les obligations seront rangées en douze séries, applicables aux douze mois de l'année, de telle sorte que sur treize obligations créées dans le même mois, il y en a une de remboursable chaque année.

CHAPITRE III.

RAPPORT ENTRE LES ANNUITÉS ET LES OBLIGATIONS.

§ 1er.—Des annuités.

Les annuités trimestrielles ont été fixées à 2 1[2 p. 100 du principal de la dette contractée par le débiteur : c'est le minimum poussé à son extrême limite, et si le produit de ces Annuités suffit pour faire face annuellement aux intérêts des obligations et à leur remboursement par treiziéme, ce n'est qu'avec le secours du capital social de la compagnie, lequel est destiné principalement pour suppléer à leur insuffisance, dans les circonstances où cette insuffisance se manifeste.

Pour bien établir les rapports qui existent entre les annuités à recevoir et les obligations à payer, on va, par un tableau comparatif, faire connaître quels sont, à toutes les époques, les résultats que présente une seule et unique opération, depuis la première jusqu'à la dernière année.

TABLEAU COMPARATIF du produit des annuités à recevoir avec le montant des obligations à payer pour une opération de 100 fr. entrée dans le système des opérations combinées.

ÉPOQUES.	Montant des 4 annuités trimestrielles à recevoir.	Montant des paiements à faire pour le service des obligations.			Sommes avancées pour élever les annuités au niveau des obligations.		Rentrée dans ces avances au moyen de la plus-value des annuités.	
		Intérêts	Remboursement du 13ᵉ.	Totaux.	Principal.	Intérêts composés.	Principal.	Intérêts composés.
	FR. C.	FR. C.	FR. C.	FR. C.	FR. C.	FR. C.	FR. C.	FR. C.
1ʳᵉ année. . . .	10 00	4 00	7 69	11 69	1 69	1 02	» »	» »
2ᵉ — . . .	10 00	3 69	7 69	11 38	1 38	0 74	» »	» »
3ᵉ — . . .	10 00	3 38	7 69	11 07	1 07	0 51	» »	» »
4ᵉ — . . .	10 00	3 08	7 69	10 77	0 77	0 33	» »	» »
5ᵉ — . . .	10 00	2 77	7 69	10 46	0 46	0 17	» »	» »
6ᵉ — . . .	10 00	2 46	7 69	10 15	0 15	0 05	» »	» »
7ᵉ — . . .	10 00	2 16	7 69	9 85	» »	» »	0 15	0 04
8ᵉ — . . .	10 00	1 85	7 69	9 54	» »	» »	0 46	0 10
9ᵉ — . . .	10 00	1 54	7 69	9 23	» »	» »	0 77	0 13
10ᵉ — . . .	10 00	1 24	7 69	8 93	» »	» »	1 07	0 13
11ᵉ — . . .	10 00	0 93	7 69	8 62	» »	» »	1 38	0 11
12ᵉ — . . .	10 00	0 62	7 69	8 31	» »	» »	1 69	0 07
13ᵉ — . . .	10 00	0 28	7 72	8 00	» »	» »	2 00	0 00
Totaux. . .	130 00	28 00	100 00	128 00	5 52	2 82	7 52	0 58

On voit par ce tableau que les avances à faire par l'Établissement, pour maintenir les annuités à la hauteur des obligations pendant les six premières années, s'élèvent à 5 fr. 52 cent., somme de beaucoup supérieure à la remise allouée sur chaque opération ; il faut donc que l'Établissement puise à même son capital social pour se procurer la différence.

Il est vrai que les Annuités offrant constamment un excédant de produit les sept années suivantes, l'Établissement qui le perçoit en obtient une somme de 7 fr. 52 cent., et partant supérieure de 2 fr. au principal de ses avances.

Mais il ne faut pas s'y tromper, cet excédant provenant de la différence entre le montant des 52 Annuités trimestrielles s'élevant à 130 fr., et le montant des paiements à effectuer pour l'acquit intégral des Obligations en principal et intérêts qui ne s'élève qu'à 128 fr., n'est rien moins qu'un bénéfice ; car la rentrée des avances se fait longtemps attendre, et les intérêts de ces avances calculés de manière à produire pour l'Établissement le même effet que s'il les percevait annuellement, c'est-à-dire cumulés et ajoutés au principal des sommes avancées en portent le total à   8 fr. 34 c.

Tandis qu'en ajoutant au montant des rentrées les intérêts cumulés et calculés de la même manière, le produit total de ces rentrées en principal et intérêts ne s'élève qu'à. 8   10
___

D'où il suit que les avances faites par l'Établissement ne lui sont pas complétment remboursées, puisqu'il se trouve facilement un déficit de 24 cent. pour 100 fr. sur le montant de chaque opération. . . . . 0 fr. 24 c.

Par l'effet des combinaisons de ce système de crédit, on verra que ce léger déficit disparaît entièrement et fait place à des bénéfices.

§ 2.—Des obligations.

Si l'on s'arrête à une opération seule et isolée, onze fr. soixante-neuf cent. sont absorbés la première année tant pour le service des intérêts que pour le remboursement du premier treizième des Obligations ; mais comme les quatre Annuités trimestrielles réunies n'ont produit que 10 fr., il en résulte déjà une avance de 1 fr. 69 cent. à faire par l'Établissement pour élever le montant des Annuités au niveau de celui des Obligations.

Ce déficit diminue progressivement jusqu'à la sixième année où il n'est plus que de 15 cent.

Les sept années suivantes il disparaît dans une progression inverse de celle où il s'est accru, et fait place à un excédant du produit des Annuités sur les Obligations, excédant insuffisant, comme on l'a vu, pour indemniser complètement l'Établissement de ses avances.

Tel serait le résultat d'une opération unique ; la nécessité pour l'Établissement de suppléer à l'insuffisance des Annuités, quand leur produit est inférieur aux Obligations ; et outre cela, de conserver encore disponible et partant improductif un capital considérable pour assurer le service régulier de la Caisse ; ces deux circonstances réunies absorberaient la remise allouée, et constitueraient l'Établissement en perte.

Mais une suite d'opérations qui se combinent et s'enchaînent produit des résultats bien différents : il ne faut pour s'en convaincre que jeter les yeux sur cet abrégé des opérations de la Caisse pour une période de treize années, à raison de cent fr, d'opérations par mois.

PREMIÈRE PARTIE.

PRODUIT DES ANNUITÉS A RECEVOIR.

ÉPOQUES.	MONTANT DES ANNUITÉS A RECEVOIR.												
	Janvier.	Février.	Mars.	Avril,	Mai.	Juin.	Juillet.	Août.	Septem.	Octobre.	Novem.	Décem.	Totaux.
	FR. C.	FR. C.	FR. C.	FR. C.	FR. C.	FR. C.	FR. C.	FR. C.	FR. C.	FR. C.	FR. C.	FR. C.	FR. C.
1re année..	» »	» »	» »	2 50	2 50	2 50	5 00	5 00	5 50	7 50	7 50	7 50	45 00
2e — .	10 00	10 00	10 00	12 50	12 50	12 50	15 00	15 00	15 50	17 50	17 50	17 50	165 00
3e — .	20 00	20 00	20 00	22 50	22 50	22 50	25 00	25 00	25 50	27 50	27 50	27 50	285 00
4e — .	30 00	30 00	30 00	32 50	32 50	32 50	35 00	35 00	35 50	37 50	37 50	37 50	405 00
5e — .	40 00	40 00	40 00	42 50	42 50	42 50	45 00	45 00	45 50	47 50	47 50	47 50	525 00
6e — .	50 00	50 00	50 00	52 50	52 50	52 50	55 00	55 00	55 50	57 50	57 50	57 50	645 00
7e — .	60 00	60 00	60 00	62 50	62 50	62 50	65 00	65 00	65 50	67 50	67 50	67 50	765 00
8e — .	70 00	70 00	70 00	72 50	72 50	72 50	75 00	75 00	75 50	77 50	77 50	77 50	885 00
9e — .	80 00	80 00	80 00	82 50	82 50	82 50	85 00	85 00	85 50	87 50	87 50	87 50	1005 00
10e — .	90 00	90 00	90 00	92 50	92 50	92 50	95 00	95 00	95 50	97 50	97 50	97 50	1125 00
11e — .	100 00	100 00	100 00	102 50	102 50	102 50	105 00	105 00	105 50	107 50	107 50	107 50	1245 00
12e — .	110 00	110 00	110 00	112 50	112 50	112 50	115 00	115 00	115 50	117 50	117 50	117 50	1365 00
13e — .	120 00	120 00	120 00	122 50	122 50	122 50	125 00	125 00	125 50	127 50	127 50	127 50	1485 00

DEUXIÈME PARTIE.

MONTANT DES OBLIGATIONS A PAYER.

ÉPOQUES.	MONTANT EN PRINCIPAL ET INTÉRÊTS DES OBLIGATIONS A PAYER.												
	Janvier.	Février.	Mars.	Avril.	Mai.	Juin.	Juillet.	Août.	Septem.	Octobre.	Novem.	Décem.	Totaux.
	FR. C.	FR. C.	FR. C.	FR. C.	FR. C.	FR. C.	FR. C.	FR. C.	FR. C.	FR. C.	FR. C.	FR. C.	FR. C.
1re année..	» »	» »	» »	» »	» »	» »	» »	» »	» »	» »	» »	» »	» »
2e — .	11 69	11 69	11 69	11 69	11 69	11 69	11 69	11 69	11 69	11 69	11 69	11 69	140 28
3e — .	23 08	23 08	23 08	23 08	23 08	23 08	23 08	23 08	23 08	23 08	23 08	23 08	276 96
4e — .	34 15	34 15	34 15	34 15	34 15	34 15	34 15	34 15	34 15	34 15	34 15	34 15	409 80
5e — .	44 92	44 92	44 98	44 92	44 92	44 92	44 92	44 92	44 92	44 92	44 92	44 92	539 04
6e — .	55 38	55 38	55 38	55 38	55 38	55 38	55 38	55 38	55 38	55 38	55 38	55 38	664 56
7e — .	65 54	65 54	65 54	65 54	65 54	65 54	65 54	65 54	65 54	65 54	65 54	65 54	786 48
8e — .	75 39	75 39	75 39	75 39	75 39	75 39	75 39	75 39	75 39	75 39	75 39	75 39	904 68
9e — .	84 92	84 92	84 92	84 92	84 92	84 92	84 92	84 92	84 92	84 92	84 92	84 92	1019 04
10e — .	94 15	94 15	94 15	94 15	94 15	94 15	94 15	94 15	94 15	94 15	94 15	94 15	1129 80
11e — .	103 08	103 08	103 08	103 08	103 08	103 08	103 08	103 08	103 08	103 08	103 08	103 08	1236 96
12e — .	111 70	111 70	111 70	111 70	111 70	111 70	111 70	111 70	111 70	111 70	111 70	111 70	1340 40
13e — .	120 00	120 00	120 00	120 00	120 00	120 00	120 00	120 00	120 00	120 00	120 08	120 00	1440 00

TROISIÈME PARTIE.

TABLEAU COMPARATIF du produit des Annuités à recevoir avec le montant des Obligations à payer.

ÉPOQUES.	Montant des annuités à recevoir dans le cours de chaque année.	Montant en principal et intérêts des obligations à payer.	Excédant des annuités.	Insuffisance des annuités.	SOMME en caisse provenant de l'excédant des annuités.	à avancer pour suppléer à l'insuffisance des annuités.
	FR. C.	FR. C.	FR. C.	FR. C.	FR. C.	FR. C.
1re année.	45 00	» »	45 00	» »	45 00	» »
2e —	165 00	140 28	24 72	» »	69 72	» »
3e —	285 00	276 96	8 04	» »	77 76	» »
4e —	405 00	409 80	» »	4 80	72 96	» »
5e —	525 00	539 04	» »	14 04	58 92	» »
6e —	645 00	664 56	» »	19 68	39 24	» »
7e —	765 00	786 48	» »	21 48	17 76	» »
8e —	885 00	904 68	» »	19 69	» »	1 92
9e —	1005 00	1019 04	» »	14 04	» »	15 96
10e —	1125 00	1129 80	» »	4 80	» »	20 76
11e —	1245 00	1236 96	8 04	» »	» »	12 72
12e —	1365 00	1340 40	24 72	» »	12 00	» »
13e —	1485 00	1440 00	45 00	» »	57 00	» »

Ce tableau, reproduction abrégée des deux précédents, fait voir que les Annuités ont produit 45 francs la première année, tandis que les Obligations n'ont donné lieu à aucun paiement. Cela s'explique par l'échéance, laquelle est trimestrielle à l'égard des Annuités, et annuelle à l'égard des obligations.

Indépendamment de ces 45 francs, qui déjà forment un encaisse disponible, on remarquera que les deux années suivantes l'excédant s'accroît encore ; de sorte qu'à l'expiration de la troisième année un encaisse total de 77 fr. 76 cent. se trouve disponible, et suffit pour élever les annuités au niveau des Obligations pendant les années suivantes jusqu'à la huitième année, sans le secours d'aucune avance de fonds de la part de l'Établissement.

Ce n'est qu'à partir de la huitième jusqu'à la onzième année que l'insuffisance se manifeste, et oblige l'Établissement de puiser à même son fonds social pour y suppléer ; mais cette insuffisance, loin de présenter, comme une opération seule et isolée, une importance de 5 fr. 52 cent. pour cent, s'élève à peine à 20 cent. à la dixième année, alors qu'elle atteint son maximum, puisqu'elle n'est que de 20 fr. 76 cent. pour 12,000 fr. d'opérations engagées à cette époque, dans la supposition de 100 fr. d'opérations par mois ; de plus, le terme de cette légère avance de fonds est réduit de plus de moitié.

C'est ainsi que dans une suite d'opérations qui se combinent, les sept premières années offrent constamment un excédant de produit des Annuités à recevoir sur le montant des Obligations à payer en principal et intérêts.

Ce résultat, si contraire en apparence à celui d'une opération seule et isolée, qui pendant les six premières années ne peut offrir qu'une insuffisance considérable dans le produit des Annuités, est facile à expliquer.

L'échéance des Obligations étant annuelle et celle des Annuités trimestrielle, il suit de là que l'échéance des Obligations concorde avec l'échéance de la dernière des quatre Annuités trimestrielles ; cette circonstance rend disponible momentanément le produit des trois autres, et la Caisse applique ce produit au paiement, non de l'Obligation née de l'opération qui a donné lieu à ces Annuités, mais de l'obligation née de l'opération qui l'a précédée ou suivie.

De cette manière, chaque opération, encore bien qu'à l'expiration de l'année, elle n'ait pas produit somme suffisante pour faire face aux Obligations auxquelles elle a donné naissance, offre néanmoins à certaine époque de l'année un excédant de une, de deux et même de trois Annuités ; et tandis qu'une opération au jour anniversaire où elle a eu lieu ne présente qu'une insuffisance, l'opération qui la précède ou qui la suit, ayant dépassé ou n'ayant pas encore atteint son anniversaire, offre précisément un excédant qui fait compensation.

Il s'opère ainsi une sorte de revirement continuel qui balance le déficit momentané de l'une par l'excédant momentané de l'autre, utilise le produit des Annuités par un emploi immédiat, épargne à l'Établissement une avance de fonds, et lui permet de réaliser comme bénéfice l'excédant final des Annuités sur les Obligations.

Au moyen de cette combinaison, les six premières années, loin de présenter une insuffisance, donnent encore un excédant de produit assez considérable, qui se soutient jusqu'à la huitième année, et qui allège d'autant l'obligation imposée à l'Établissement de conserver dans la Caisse une réserve toujours disponible ; car cet excédant, tant qu'il n'est point absorbé, demeure en Caisse où il tientla place d'une somme égale que l'Établissement se trouve momentanément dispensé d'y apporter.

Il est vrai que cette combinaison offrant en tout un effet contraire à celui d'une opération seule et isolée, reproduit une insuffisance des Annuités dans les huitième, neuvième, dixième et onzième années; mais cette insuffisance n'a pas à beaucoup près l'importance de celle évitée; le temps de sa durée est très limité, elle devient ainsi extrêmement légère, et l'Établissement, auquel des ressources spéciales ont été ménagées tout exprès pour la combler, le fait sans peine comme sans effort, et en est bientôt largement dédommagé par un excédant de recettes toujours croissant les années suivantes.

C'est ainsi que toutes les opérations, sans aucun lien de solidarité entr'elles et étrangères l'une à l'autre, sont appelées à jouir néanmoins des avantages de la mutualité, dont l'action bienfaisante supplée à l'insuffisance accidentelle de l'une par le surcroît de force momentané de l'autre, et leur assure à toutes un succès complet.

CHAPITRE IV.

Avantages des opérations combinées.

Pour apprécier l'effet des opérations combinées, il faut remarquer que dans une opération isolée, l'Établissement, en recevant le montant des trois premières annuités trimestrielles de chaque année, n'a aucun moyen d'en faire l'emploi immédiat à mesure de leur échéance; de sorte qu'il le conserve momentanément improductif jusqu'à l'époque fixée pour le paiement des obligations qui ne concorde qu'avec la quatrième annuité trimestrielle; tandis que dans les opérations combinées qui s'enchaînent, chaque annuité trimestrielle, si elle ne correspond pas avec l'échéance d'une obligation née de la même opération, correspond avec l'échéance d'une autre obligation; cette circonstance assure au produit des annuités trimestrielles un emploi immédiat d'autant plus avantageux que cet emploi devient pour l'Établissement une ressource puissante qui lui procure les moyens de maintenir les annuités au niveau des obligations, et réduit les avances à faire pour cet objet à moins du vingtième de ce qu'elles seraient pour une opération isolée.

Un autre avantage dû à l'enchaînement des opérations combinées, c'est que les trois premières annuités trimestrielles, avant d'arriver à leur destination finale qui est de faire face au paiement des obligation nées de la même opération, ont produit neuf, six et trois mois d'intérêt par leur emploi momentané comme auxiliaires à d'autres opérations et se sont bonifiées par ce moyen :

La première de 7 cent. 1\|2, ce qui la porte à . . . . 2 fr. 57 c. 1\|2

La deuxième de 5 cent., ce qui la porte à . . . . 2 55 *» »*

A reporter. . . . . 5 12 1|2

Report. 5   12   1r2

La troisième de 2 cent. 1r2, ce qui la porte à 2   52   1r2

Si l'on ajoute à ces trois annuités le montant de la quatrième qui ne
s'est bonifiée d'aucun intérêt, parce qu'échéant en même temps que les
obligations, elle est employée sur-le-champ à leur remboursement . 2   50   » »

On trouve que les quatre annuités représentent, non dix pour cent de
l'opération, mais bien réellement . . . . 10 fr. 15 c. » »

C'est donc ce produit annuel de dix francs quinze centimes pour cent qu'il faut attribuer
aux annuités trimestrielles, et qu'il faut mettre en regard des obligations à payer, pour connaître le résultat final des opérations.

TABLEAU COMPARATIF du produit des Annuités à recevoir avec le montant des Obligations à payer pour
une opération de 100 fr. entrée dans le système des opérations combinées.

ÉPOQUES.	Produit des quatre annuités trimestrielles y compris les intérêts des trois premières.	Montant à payer pour le remboursement par treizième et le service des intérêts des obligations.	SOMME	
			Avancée pour élever les annuités au niveau des obligations.	Recouvrée au moyen de la plus-value des annuités.
1re année.	10 f. 15 c.	11 f. 69 c.	1 f. 54 c.	» f. » c.
2e —	10 15	11 38	1 23	» »
3e —	10 15	11 08	0 93	» »
4e —	10 15	10 77	0 62	» »
5e —	10 15	10 46	0 31	» »
6e —	10 15	10 15	» »	» »
7e —	10 15	9 85	» »	0 30
8e —	10 15	9 54	» »	0 61
9e —	10 15	9 23	» »	0 92
10e —	10 15	8 00	» »	1 23
11e —	10 15	8 62	» »	1 53
12e —	10 15	8 31	» »	1 84
13e —	10 15	8 00	» »	2 15
Totaux. . . .	131 95	128 00	4 63	8 58

On voit par ce tableau que le produit des annuités à recevoir est de . . 131 fr. 95 c.
Et le montant des obligations à payer, de 128   00

Excédant apparent des annuités 3   95

Au premier aspect cet excédant des annuités semble former leur plus-value ; mais on verra
par le chapitre suivant que la plus-value réelle des annuités n'est pas si élevée.

CHAPITRE V.

Plus-value des annuités.

La libération d'un capital par annuités uniques de dix pour cent, ne s'effectue intégralement qu'en treize années neuf jours.

Soit, en effet, une somme de cent francs placée à intérêt composés de quatre pour cent, elle s'élèvera en principal et intérêts cumulés à l'expiration des treize années, à   166   50

Les treize annuités de dix pour cent payées dans cet espace de temps, n'auront produit, avec les intérêts composés, que 166   26

Partant la dette ne sera pas entièrement éteinte, puisqu'il restera dû . 0   24

Mais la libération par annuités trimestrielles de deux et demi pour cent, encore bien que les annuités ne s'élèvent ensemble chaque année qu'au montant d'une annuité unique de dix pour cent, offre des résultats plus avantageux.

Les cinquante-deux annuités trimestrielles égales à treize annuités uniques, produiront par l'effet de leur division trimestrielle 168   73

Le capital à acquitter n'étant, comme on l'a vu, que de. 166   50

Il reste pour la plus-value des annuités 2   23

Cette plus-value, eu égard aux soins particuliers et aux travaux que nécessite le recouvrement des annuités trimestrielles, doit être envisagée comme le fruit de la gestion des opérations, et c'est à ce titre qu'elle est attribuée à l'association chargée de cette gestion.

On verra par le chapitre suivant que la libération anticipée, mettant un terme à la gestion de l'opération, opère une réduction proportionnelle sur la plus-value des annuités.

C'est par le compte des excédants et des insuffisances que s'établit la plus-value réelle des annuités sur les obligations.

§ 1er.—Insuffisance des annuités.

La Compagnie chargée de la gestion des opérations, avance, pour élever les annuités au niveau des obligations, comme on le voit par le tableau contenu au chapitre précédent,

La première année. . . . . 1 fr. 54 c.   } 2 fr. 47 cent.
Intérêts de cette somme composés pendant 12 ans. . » 93   }

La deuxième année. . . . . 1 23   } 1 90
Intérêts composés pendant onze ans. . . . . » 67   }

A reporter. 4 37

Report.		4	37
La troisième année.	» 93	} 1	38
Intérêts composés pendant dix ans.	» 45		
La quatrième année.	» 62	} »	88
Intérérêts composés pendant neuf ans. . . .	» 26		
La cinquième année.	» 31	} »	42
Intérêts composés pendant huit ans.	» 11		

Montant total des insuffisances en principal et intérêts composés. . , 7 fr. 05 cent.

Excédants des annuités.

La Compagnie rentre successivement dans ses avances, au moyen de l'excédant des annui-tés qui se manifeste les années suivantes, savoir :

La sixième année, balance égale.	» fr. » » c.	» fr. » » cent.	
Le septième année, excédant de trente centimes, ci. .	» 30	} »	38
Intérêts de cette somme cumulés pendant six ans. .	» 08		
La huitième année.	» 61	} »	74
Intérêts cumulés pendant cinq ans.	» 13		
La neuvième année.	» 92	} 1	07
Intérêts cumulés pendant quatre ans. . . .	» 15		
La dixième année.	1 23	} 1	38
Intérêts cumulés pendant trois ans.	» 15		
La onzième année.	1 53	} 1	65
Intérêt cumulés pendant deux ans.	» 12		
La douzième année.	1 84	} 1	91
Intérêts pendant un an.	» 07		
Et la treizième année.	2 15	2	15

Montant en principal et intérêts des excédants. . . . . . 9 fr. 28 cent.

BALANCE FINALE.

Excédants des annuités.	9	28
Insuffisances des annuités.	7	05
Reste pour excédant final	2	23

Cet excédant est bien la plus-value réelle des annuités, et forme le bénéfice recueilli par l'Établissement pendant toute la durée de l'opération.

CHAPITRE VI.

Recouvrement des annuités.

Il ne faut aucunement compter sur l'exactitude des débiteurs à s'acquitter de leurs annuités à échéance; on doit s'attendre au contraire à des retards inévitables.

Dans cette prévision, il faut que le capital social de l'Établissement soit suffisant pour le mettre à même d'y suppléer en tout temps; car c'est là l'emploi destiné au capital social réalisé.

On peut néanmoins compter sur la rentrée des annuités dans la proportion suivante, applicable à une somme de 100 fr., savoir :

Dans les trois mois de l'échéance.	75 f. » c.
Dans les trois mois suivants.	15 »
Dans les six autres mois de l'année.	7 75
Montant du remboursement effectué dans l'année de l'échéance. . .	97 75
Reste comme recouvrement en souffrance.	2 25
Total égal.	100 fr » c.

Recouvrements en souffrance.

Sur les 2 fr. 25 cent. restant à recouvrer après un an d'échéance, il faut compter 25 cent. comme perte essuyée par l'Établissement par suite d'insolvabilités.

Reste 2 fr. pour le montant du recouvrement en souffrance.

La rentrée de cette somme s'effectue dans les cinq années de l'échéance.

TABLEAU des recouvrements en souffrance, dans la supposition d'un million de francs d'opérations par mois.

Année	Montant	Année	Montant
1re année.	9,000 f. 08 c.	14e année.	1,245,000 00
2e année.	42,000 00	15e année.	1,125,000 00
3e année.	99,000 00	16e année.	1,005,000 00
4e année.	180,000 00	17e année.	885,000 00
5e année.	285,000 00	18e année.	765,000 00
6e année.	405,000 30	19e année.	645,000 00
7e année.	525,000 00	20e année.	525,000 00
8e année.	645,000 00	21e année	405,000 00
9e année.	765,000 00	22e année.	285,000 00
10e année.	885,000 00	23e année.	180.000 00
11e année.	1,005,000 00	24e année.	99,000 00
12e année.	1,125,000 00	25e année.	42,000 00
13e année.	1,245,000 00	26e année.	9,000 00

CHAPITRE VII.

Pertes par suite d'insolvabilités.

Les sinistres qui peuvent frapper l'Établissement en sa qualité de société d'assurances contre l'insolvabilité des débiteurs, doivent être fort légers, si on considère qu'avant que le sinistre puisse l'atteindre, l'Établissement discute en premier lieu l'hypothèque fournie par le débiteur; et en second lieu, la responsabilité spéciale et particulière du syndicat de première garantie, on trouvera qu'en les portant à 25 cent. par 100 fr. du montant des annuités à recevoir, on ne s'éloigne pas de la réalité.

Il faut même remarquer que cette somme représente 30 cent. 1|2 pour 100 du principal de chaque opération.

ÉTAT des sinistres annuels.

En les portant à 25 cent. pour 100 fr., les pertes résultant des sinistres s'élèveront pour la

1re année à	1,125 f. 00 c.
2e année à	4,125 00
3e année à	7,125 00
4e année à	10,125 00
5e année à	13,125 00
6e année à	16,125 00
7e année à	19,125 00
8e année à	22,125 00
9e année à	25,125 00
10e année à	28,125 00
11e année à	31,125 00
12e année à	34,125 00
13e année à	37,125 00
14e année à	37,875 00
15e année à	34,875 00
A reporter. . . .	321,375 00

Report. . . .	321,375 00
16e année à	31,875 00
17e année à	28,875 00
18e année à	25,875 00
19e année à	22.875 00
20e année à	19,875 00
21e année à	16,875 00
22e année à	13,875 00
23e année à	10,875 00
24e année à	7,875 00
25e année à	4,875 00
26e année à	1,875 00
Montant total des pertes éprouvées pour sinistres, en raison de l'insolvabilité des débiteurs. .	507,000 00

Cette somme de sinistres est applicable aux opérations contractées pendant une période de treize années, à raison d'un million de francs d'opérations par mois.

CHAPITRE VIII.

Voies et moyens.

Les voies et moyens pour faire face au paiement des obligations consistent dans :

1° Le produit des annuités;

2° L'excédant de ce produit, accumulé pendant les années où il se manifeste;

3° Les intérêts de cet excédant placé en achats d'obligations de la Caisse;

4° Les arrérages de la portion de la réserve fournie en rentes sur l'État;

5° Le produit de la prime d'assurance allouée à la Compagnie sur le montant de chaque opération ;

6° Et le capital social de l'Établissement réalisé de manière à offrir toujours disponible un fonds de roulement de plus d'un million de francs, destiné uniquement pour suppléer au défaut des débiteurs momentanément en retard dans le paiement de leurs annuités.

Le tout indépendamment de la réserve, tant en rentes sur l'État qu'en numéraire, s'élevant, dans la supposition d'un million de francs d'opérations par mois, à 3,489,230 fr. 76 c. réalisés à l'expiration d'une période de treize années; réserve maintenue intacte et toujours disponible, comme mesure indispensable à la sécurité du service des obligations.

Ces voies et moyens assurés à l'Établissement le mettent à même, dans tous les temps et dans toutes les circonstances, de faire face, sans peine comme sans effort, au service régulier de la Caisse.

Un excédant du produit des annuités à recevoir sur les obligations à payer, surgit pendant les quatre premières années, et cet excédant accumulé suffit pour combler les insuffisances jusqu'à la huitième année.

A partir de cette époque jusqu'à la douzième année, l'insuffisance qui se manifeste s'accroît et décroît alternativement; mais elle n'atteint, dans son maximum, qu'un chiffre peu élevé, et n'apporte aucun obstacle au service régulier des obligations, parce que l'Établissement y supplée à même son capital social.

La marche naturelle des opérations ménage et assure à l'Établissement des ressources disponibles toujours plus que suffisantes pour satisfaire avec ponctualité au paiement des intérêts et au remboursement annuel par treizième des obligations; de telle sorte que les retards apportés par les débiteurs dans le paiement de leurs annuités, n'occasionneront jamais aucune perturbation dans le service régulier de la Caisse : c'est là un point essentiel à constater.

Il faut même ajouter que l'Établissement n'aura jamais besoin pour cela du secours de la réserve, qui ne lui est imposée que comme mesure de précaution, parce que ses ressources sont calculées et pondérées de manière à dépasser en tout temps ses besoins.

Au fonds de roulement, qui dépasse un million de francs, comme on le verra par le chapitre 17, si l'on ajoute les excédants d'annuites dans les circonstances où ces excédants se manifestent, on verra que dans ces circonstances les ressources dépassent de beaucoup les besoins.

Lorsque les excédants accumulés sont épuisés, le fonds de roulement s'est accru d'un fonds de réserve particulière imposée à la Compagnie sur ses produits annuels, comme on le verra par le chapitre 19; accroissement dont le montant surpasse celui des insuffisances à combler; de sorte que les ressources destinées pour suppléer aux débiteurs en retard, sont toujours complètes et offrent toute sécurité.

Les recouvrements en souffrance, qu'il ne faut pas confondre avec ceux provenant des retards momentanés, sont l'objet d'un compte particulier qui n'altère en rien le fonds de roulement; les pertes même par suite d'insolvabilités, sont réglées à titre de sinistres dans le passif annuel de l'Établissement, et supportées par la Compagnie.

Ces recouvrements et ces pertes ont été ainsi réglés à part, afin que les ressources de l'Établissement, dégagées avec soin de toute influence de nature à les altérer, puissent se montrer dans leur sincérité la plus absolue.

CHAPITRE IX.

Gestion des opérations.

La gestion des opérations, pour les conduire à leur terme, alors qu'elles sont affectées, est simple et facile.

La Compagnie chargée de cette gestion perçoit le montant des annuités aux échéances.

Elle en applique le produit au paiement des intérêts et au remboursement annuel par treizième des obligations.

Elle utilise l'excédant des annuités, par un emploi immédiat, en achat d'obligations qu'elle conserve momentanément, pour les rendre à la circulation lorsque les insuffisances se manifestent à leur tour.

Elle supplée à l'insuffisance des annuités, d'abord avec le montant des excédants accumulés, et ensuite en puisant à même son capital social qui offre toujours une ressource assurée et complète, puisque le maximum des insuffisances accumulées ne dépasse pas deux cent mille francs.

L'état de situation de l'Établissement est mis sous les yeux du lecteur par un tableau reporté à cause de son étendue à la fin de ce travail (Tabl. n° 1er et son complément).

Ce tableau, applicable à 1,000,000 de fr. d'opérations par mois, fait connaître, à toutes les époques, depuis le 1er mois de la 1re année jusqu'au dernier mois de la dernière année :

1° Le montant des opérations engagées ;

2° Le montant des obligations en circulation ;

3° Le montant des annuités à recevoir ;

4° Le montant des obligations à payer ; .

5° L'excédant ou l'insuffisance momentanée du produit des annuités ;

6° Et l'excédant final des annuités revenant comme bénéfice à l'Établissement, après l'extinction absolue des obligations.

On a poussé jusqu'à la 26me et dernière année cet état de situation, parce que ce n'est qu'à cette époque que l'on voit s'éteindre enfin la dernière obligation née de la dernière opération, contractée le dernier jour d'une période de treize années.

L'intelligence de ce tableau est d'une extrême facilité, et quelque soit le renseignement que l'on veuille obtenir sur la situation de l'Établissement, une seule ligne met le lecteur parfaitement au courant.

C'est ainsi que pour connaître la situation de la Caisse, par exemple au troisième mois de la cinquième année, on trouve dans la ligne du mois de mars de cette année :

1° Que les opérations engagées atteignent à cette époque le chiffre de 51,000,000 de fr. ;

2° Que les obligations en circulation, déduction faite des remboursements opérés, s'élèvent à 44,538, 461 fr. 53 c. ;

3° Qu'il existe en caisse 581,538 fr. 46 c. provenant des excédants accumulés d'annuités ;

4° Que les annuités à recevoir dans ce mois s'élèvent à 400,000 fr. ;

5° Que la somme à payer pour le service des obligations, intérêts et remboursement de treizièmes, s'élève à 449,230 fr. 77 c. ;

6° Que les annuités applicables à ce mois présentent une insuffisance particulière de 49,230 fr. 77 c., et c'est après cette insuffisance comblée que les excédants accumulés sont encore de 581,538 fr. 46 c.

Ces renseignements, d'une exactitude extrême, répondent à tout ce que l'on peut désirer dans l'intérêt général de l'Établissement ; quant aux renseignements sur la situation particulière de la Compagnie, on les trouve dans le chapitre 19.

La gestion des opérations est donc simple et facile.

Si l'on se reporte au douzième mois de la dixième année, les opérations engagées atteignent alors le chiffre de 120,000,000 de fr.

Les obligations en circulation, remboursements déduits, s'élèvent à 78,461,528 fr. 46 c.

L'excédant des annuités entièrement épuisé depuis le mois de mars de la huitième année, a fait place à une insuffisance accumulée de 217,692 fr. 30 c. qui, dans cette même année, avait atteint son maximum de 333,461 fr. 53 c. qu'elle ne peut dépasser en aucun temps.

Mais le chiffre de cette insuffisance n'est si élevé qu'à cause de l'impossibilité où l'on s'est trouvé de comprendre dans ce tableau les intérêts produits par les excédants d'annuités placés en achats d'obligations.

Ces intérêts sont reportés dans un tableau dressé à la suite et comme complément du premier.

On voit que ces intérêts à l'expiration de la dixième année s'élèvent à 90,387 fr. 87 c. pour chacun des mois d'octobre, novembre et décembre, ci pour les trois mois réunis. . . . . . , ... 271,163 f. 61 c

Et à 40,235 fr. 27 c. pour chacun des mois de juillet, août et septembre, ci pour ces trois mois. 120,705 81

Total. . . . . 391,869 f. 42 c.

On voit aussi que les intérêts des insuffisances s'élèvent à 60,069 fr.
90 c. pour chacun des mois de janvier, février et mars, ci pour les
trois mois. . . . . 180,209 f. 70 c.)

Et à 9,917 fr. 39 c. pour chacun des mois d'avril, 209,961 87
mai et juin, ci pour les trois mois. . . . 29,752 17)

Reste pour excédant de produit. . . 184,907 f. 55 c.

Si l'on déduit cet excédant de l'insuffisance portée dans son maxi-
mun à. . . . . 333,461 f. 53 c.

On voit qu'en réalité le maximum des insuffisances accumulées ne dépasse jamais. . . . . 151,553 f. 98 c.

Il serait inutile de s'arrêter plus longtemps sur le chiffre des insuffisances pour démontrer qu'elles ne sont pas de nature à épuiser le capital social de l'Établissement; elles décroissent d'ailleurs insensiblement pour disparaître au mois de septembre de la douzième année, reparaître au mois d'octobre de la quinzième, disparaître au mois de mars de la dix-huitième, reparaître dans le mois de décembre de la même année pour disparaître enfin complètement le mois suivant, et faire place à des excédants qui se maintiennent définitivement jusqu'à l'extinction complète et absolue des obligations.

Ce tableau des opérations présuppose que toutes, sans exception, seront conduites à leur terme de durée de treize années; mais au moyen de la faculté qu'ont les débiteurs de se libérer par anticipation, les résultats que l'on vient d'analyser subiront des modifications à l'infini qui tendront à diminuer encore le chiffre des insuffisances, jamais à l'augmenter; car c'est encore là un des avantages de la libération anticipée.

La colonne reportée la dernière du tableau contient la plus-value finale des annuités sur les obligations; mais cette plus-value ne se montre là qu'imparfaitement, par la raison que le tableau ne peut comporter les colonnes nécessaires à la supputation des intérêts produits par les excédants d'annuités placés en achats d'obligations de la Caisse, et balancés avec les intérêts des insuffisances.

Pour connaître exactement l'excédant final des annuités revenant comme bénéfices à l'Établissement, il faut rapprocher de ce tableau son complément qui en est une suite inhérente.

On voit alors que l'excédant final se compose:

1° Des 20,000 fr. qui ressortent par la dernière colonne du tableau, ci. 20,000 f. » » c.

2° Et des 2,346 fr. 42 cent. qui figurent dans la dernière colonne du
tableau complémentaire.. . . . . 2,346 42

Total de l'excédant final. 22,346 42

C'est là exactement le bénéfice recueilli par l'Établissement sur une opération d'un million de francs, conduite à son terme de durée de treize années, ou 2 fr. 23 c. 4642 p. $0_{[0}$.

On n'a porté dans les chapitres précédents qu'à 2 fr. 23 c. le bénéfice obtenu, parce qu'on a jugé convenable, pour simplifier les calculs, de négliger les décimales.

CHAPITRE X.

Mesures pour assurer le service régulier de la Caisse.

L'expérience prouve qu'il ne faut pas compter sur une ponctualité bien complète de la part des débiteurs dans le paiement exact des annuités aux échéances ; il faut s'attendre, au contraire, à des retards inévitables qui compromettraient le service de la Caisse, si la Compagnie n'avait pour mission spéciale d'y suppléer.

C'est principalement pour ce motif qu'il lui est alloué un et demi pour $0_{[0}$ sur le montant de chaque opération, comme prime d'assurance contre toutes les éventualités parmi lesquelles il faut ranger en première ligne, non-seulement les chances d'insolvabilité, mais encore les chances de retard.

La Caisse ne doit aucunement se ressentir de ces chances d'insolvabilité ou de retard : pour elle, il ne doit point y en avoir ; car il faut que le service se fasse sans difficulté comme sans effort avec la plus grande régularité, et que le paiement des obligations ne puisse jamais éprouver d'obstacle.

A cet égard, la ponctualité la plus scrupuleuse de la part de l'Établissement ne suffirait même pas pour inspirer une confiance absolue dans la Caisse immobilière, si la sécurité du service des obligations n'était encore garantie d'une manière permanente par une réserve spéciale, toujours disponible, et suffisante pour suppléer au défaut de la Compagnie elle-même, et faire face aux besoins de la Caisse sans son secours, dans les circonstances qui pourraient naître de l'incurie ou de la négligence des employés de l'administration.

Réserve maintenue disponible dans une Caisse particulière.

Lors de chaque opération, la Compagnie chargée de la gestion de l'Établissement dépose dans une caisse particulière et spéciale, une somme égale à 2 fr. 92 c. 307, pour $0_{[0}$ du montant de l'opération, pour former une réserve égale au quart du montant total des paiements à faire dans le cours de chaque année, tant pour le service des intérêts que pour le remboursement par treizième des obligations.

Cette réserve, toujours disponible, un tiers en numéraire et les deux autres tiers en ren_ tes 3 pour $0_{[0}$ sur l'État, sera composé, conformément au tableau suivant, applicable aux opérations d'un million de francs par mois.

TABLEAU des valeurs composant la réserve.

ÉPOQUES.	RÉSERVE DISPONIBLE		TOTAUX.
	En numéraire : somme égale au montant des paiements à faire pendant un mois.	En rentes sur l'État : somme égale au montant des paiements à faire pendant deux mois.	
	FR. C	FR. C.	FR. C.
1re année.	116,923 08	233,846 15	350,769 23
2e —	230,769 23	461,538 46	692,307 69
3e —	341,538 46	683,076 92	1,024,615 38
4e —	449,230 77	898,461 54	1,347,692 31
5e —	553,846 15	1,407,692 30	1,661,538 46
6e —	655,384 61	1,310,769 23	1,966,153 84
7e —	753,846 15	1,507,692 31	2,261,538 46
8e —	849,230 77	1,698,461 54	2,547,692 31
9^e —	941,538 46	1,883,076 92	2,824,615 38
10^e —	1,030,769 23	2,061,538 46	3,092,307 69
11^e —	1,116,923 08	2,233,846 15	3,350,769 23
12^e —	1,200,000 00	2,400,000 00	3,600,000 00
13^e —	1,280,000 00	2,560,000 00	3,840,000 00
14^e —	1,163,076 92	2,326,153 84	3,489,230 76
15^e —	1,049,230 77	2,098,461 54	3,147,692 31
16^e —	938,461 54	1,876,923 08	2,815,384 62
17^e —	830,769 23	1,661,538 46	2,492,307 69
18^e —	726,153 84	1,452,307 68	2,178,461 52
19e —	624,615 38	1,249,230 77	1,873,846 15
20e —	526,153 84	1,052,307 69	1,578,461 53
21e —	430,769 23	861,538 46	1,292,307 69
22e —	338,461 54	676,923 08	1,015,384 62
23e —	249,230 77	498,461 54	747,692 31
24e —	163,076 92	326,155 84	489,230 76
25e —	80,000 00	160,000 00	240,000 00

La réserve ainsi composée est maintenue toujours au complet et toujours disponible, depuis le moment de la création des obligations jusqu'à celui de leur extinction finale.

La Compagnie satisfait outre cela au service régulier de la Caisse par les voies et moyens, d'ailleurs suffisants, que lui ménage la marche naturelle des opérations.

La Caisse, destinée aux paiements, est alimentée par la Compagnie, de manière à satisfaire au service journalier des obligations; et si elle se trouve en défaut, le payeur, chargé de ce service, puise à même le numéraire de la réserve, et en fait son rapport sur-le-champ aux commissaires chargés de la surveillance; lesquels constatent au moins une fois par semaine l'existence des valeurs composant la réserve, et suspendent le cours des opérations dès qu'il y a déficit.

La seule portion en numéraire de cette réserve étant suffisante pour faire face aux paiements des obligations pendant un mois entier, sans le secours de la Compagnie et indépen-

damment du produit courant des annuités; cette circonstance donne tout le temps nécessaire au conseil de surveillance pour prendre ses mesures.

Si l'on ajoute à cette ressource l'autre portion de la réserve placée en rentes sur l'État,
plus forte du double que celle en numéraire, et le produit courant des annuités, on voit
que la Caisse se suffit à elle-même et peut s'alimenter toute seule pendant au moins un an
entier; cette circonstance donne au gouvernement toute latitude pour approfondir la situation de l'Établissement et prendre les mesures nécessaires pour conduire à leur terme toutes les opérations engagées.

Les règles adoptées pour le service de la Caisse, dont il est impossible de s'écarter sans
arrêter sur-le-champ la marche de l'Établissement, lui font d'abord absorber non-seulement
les bénéfices de la société anonyme, mais encore une forte partie de son capital social, pour
ne les rendre à titre de trop plein que dans les deux ou trois dernières années de chaque
opération; l'interruption des opérations, à quelque époque que survienne un semblable
événement, n'entraînera donc jamais une interruption dans le paiement des obligations.

Cette conséquence a été prévue avec soin, et n'est nullement à craindre, comme on va le
voir; c'est là un point essentiel à constater.

Le terme de durée ordinaire de chaque opération peut être porté à dix années, par le
motif que la faculté ménagée aux débiteurs de se libérer par anticipation, réduira en moyenne de trois années le délai qui leur est accordé.

En admettant ce terme, voyons quelle sera la situation active et passive de l'Établisse-
sement.

État de situation de l'Établissement à l'expiration de la dixième année des opérations.

ACTIF.—Valeur de la totalité des annuités à recevoir (*Voyez* à la fin le deuxième tableau à
l'expiration de la dixième année). . . . . . . 81,214,067 f. »» c.

RÉSERVE.—1° En rentes sur l'État. . . 2,061,538 f. 46 c.
2° En numéraire. . . . 1,030,769 23 } 3,092,307 69

Total de l'Actif. . . . 84,306,374 f. 69 c.

PASSIF.—Obligations en circulation (*Voyez* le tableau n° 1er.
Décembre, dixième année). . . . . 78,461,538 f. 46
Intérêts de ces obligations de un à onze mois. . . . 1,569,230 77

Total du Passif. . . . 80,030,769 f. 23 c.

BALANCE.—L'Actif de l'Établissement est de . . . 84,306,374 f. 69
Et son Passif de 80,030,769 23

Partant, l'Actif est supérieur au Passif de 4,275,605 46

Il est donc évident que la sécurité la plus absolue est assurée aux obligations , puisque à la dixième année, c'est-à-dire à l'époque où les charges de l'Établissement sont arrivées à leur maximum, l'Actif surpasse le Passif de plus de quatre millions de francs, alors qu'on ne porte en ligne de compte ni le capital social de la Compagnie, lequel, déduction faite de la portion absorbée par la réserve , est encore de 1,907,692 fr. 30 c., ni les recouvrements sur les débiteurs en retard, parce qu'on suppose que la Compagnie a pu en disposer ; ni enfin, le fonds de cautionnement fourni par les Syndicats de première garantie.

La Caisse immobilière possédant à la fois la plus forte partie du fonds social de la Compagnie et ses bénéfices accumulés, cette circonstance assure aux porteurs d'obligations les garanties les plus complètes; car dans la supposition improbable où la Compagnie se trouverait en défaut, la réserve un moment attaquée serait bientôt rétablie dans son intégrité avant d'avoir été sensiblement altérée ; parce que dès que les opérations s'arrêtent, les annuités reprennent insensiblement leur supériorité sur les obligations ; c'est déjà un puissant motif de sécurité, et en second lieu, l'extinction ultérieure des obligations, non-seulement reproduit et rend à la Caisse le capital qu'elles avaient absorbé, mais encore lui laisse finalement les bénéfices de l'opération ; les ressources de toute nature augmentant alors dans une progression rapide à mesure de l'extinction progressive des obligations, rétablissent le fonds de réserve au complet en peu de temps , et accumulent pour l'avenir des excédants de recettes toujours croissants.

On a vu que la réserve seule, sans le secours de la Compagnie et indépendamment du produit des annuités, était suffisante pour faire face aux engagements de la Caisse immobilière pendant trois mois entiers ; mais la surveillance de l'Établissement devant opérer sa vérification au moins une fois par semaine , il n'est pas même supposable que la somme en numéraire puisse être sensiblement altérée, puisqu'elle représente à elle seule le montant des paiements d'un mois entier.

De plus, l'obligation imposée à l'administration d'en rendre compte chaque trimestre , rendra impossible l'altération de la portion de la réserve fournie en rentes sur l'État, dont le transfert d'ailleurs ne peut s'opérer sans le concours du conseil de surveillance lui-même.

Le service des obligations n'est donc exposé à aucune interruption.

Une seule et dernière remarque suffit pour donner une idée de la sécurité ultérieure des obligations , après l'interruption des opérations de l'Établissement : c'est que l'excédant d'Actif de quatre millions, égal à environ 5 p. 0/0 du montant des obligations en circulation, atteint déjà 7 p. 0/0 dès l'année suivante, eu égard aux remboursements effectués, et dépasserait même, en peu d'années, le chiffre des obligations en circulation, s'il n'était de toute équité de rendre à la Compagnie cet excédant d'Actif lorsqu'il aura dépassé une certaine proportion , en ne conservant que la somme nécessaire à la sécurité des obligations, en circulation jusqu'à leur extinction finale.

CHAPITRE XII.

Libération anticipée.

Indépendamment de la libération naturelle et progressive par le paiement des annuités aux échéances, les débiteurs conservent encore la faculté de se libérer par anticipation du terme à leur convenance.

Ils sont admis en ce cas à rembourser les annuités non échues sur le pied de leur valeur, basée sur le terme plus ou moins éloigné de leur échéance, et rigoureusement égale au montant de la dette, déduction faite des annuités échues et payées.

Pour la fixation équitable de cette valeur, on a considéré d'une part que la libération anticipée devant avoir lieu le plus communément dans les dernières années du terme, cette circonstance avait pour la Caisse l'inconvénient de changer sa position, en ce sens qu'une opération dès qu'elle se détache rentre dans la catégorie des opérations isolées, produisant son effet en désharmonie complète avec celui des opérations combinées.

Que l'on suppose en effet la libération anticipée des huit annuités trimestrielles, applicables aux deux dernières années, s'élevant ensemble à . . . . . 20 fr. 00 c.

La Caisse aurait reçu cette somme aux échéances, si la libération anticipée n'eût pas eu lieu; et comme elle n'aurait eu à payer pour les intérêts et le remboursement des deux derniers treizièmes que 16 31

Il se serait trouvé disponible un excédant de . . . . . 3 fr. 69 c.

Lequel excédant employé pour suppléer à l'insuffisance des annuités d'une autre opération, aurait évité à l'Établissement l'avance de pareille somme, qu'il lui faudra faire pour combler le déficit de cette autre opération; c'est là pour l'Établissement un désavantage évident.

Mais, d'un autre côté, on a eu égard aux avantages que la circonstance d'une libération anticipée procurait à l'Établissement, en le déchargeant pour l'avenir de la responsabilité du prêt, alors qu'il est remboursé, et en abrégeant le temps pendant lequel l'opération l'obligeait à conserver disponible, tant en rentes sur l'État qu'en numéraire complètement improductif, la réserve destinée pour assurer la régularité du service des obligations;

En conséquence, balance faite des avantages par les inconvénients, la valeur de chaque annuité a été réduite dans la proportion de l'abréviation du terme anticipé.

Deux modes sont ménagés aux débiteurs pour effectuer leur libération par anticipation du terme à leur convenance.

Premier mode de libération anticipée.

LIBÉRATION PARTIELLE.

Les débiteurs ont la faculté de rembourser leur dette par anticipation du terme en autant de paiements que bon leur semble, pourvu que chaque paiement éteigne intégralement une ou plusieurs annuités trimestrielles, en commençant par celle dont l'échéance est la plus reculée.

Ils ont à payer pour chaque annuité non échue une somme égale à sa valeur, basée sur le terme plus ou moins éloigné de son échéance d'après le tableau suivant:

LIBÉRATION PARTIELLE ANTICIPÉE DES DÉBITEURS.

ÉCHELLE de réduction proportionnelle des Annuités non échues.

PREMIÈRE SÉRIE.		DEUXIÈME SÉRIE.		TROISIÈME SÉRIE.	
Délai anticipé sur le terme d'échéance.	Somme à payer pour l'extinct. d'une annuité de 2 fr. 50 c.	Délai anticipé sur le terme d'échéance.	Somme à payer pour l'extinct. d'une annuité de 2 fr. 20 c.	Délai anticipé sur le terme d'échéance.	Somme à payer pour l'extinct. d'une annuité de 2 fr. 50 c.
1 mois. . .	2 f. 49 c. 19	2 mois. . . .	2 f. 48 c. 37	3 mois. . . .	2 f. 47 c. 55
4 id. . . .	2 46 67	5 id. . . .	2 45 86	6 id. . . .	2 45 05
7 id. . . .	2 44 19	8 id. . . .	2 43 38	9 id. . . .	2 42 57
10 id. . . .	2 41 71	11 id. . . .	2 40 91	1 an.	2 40 11
1 an 1 id. . . .	2 39 25	1 an 2 id. . . .	2 38 46	— 3 mois. . .	2 37 67
— 4 id. . . .	2 36 81	— 5 id. . . .	2 36 03	— 6 id. . . .	2 35 25
— 7 id. . . .	2 34 39	— 8 id. . . .	2 33 62	— 9 id. . . .	2 32 85
— 10 id. . . .	2 31 99	— 11 id. . . .	2 31 23	2 ans.	2 30 47
2 ans 1 mois. . .	2 29 63	2 ans 2 mois. . .	2 28 87	— 3 mois. .	2 28 11
— 4 id. . . .	2 27 27	— 5 id. . . .	2 26 52	— 6 id. . .	2 25 77
— 7 id. . . .	2 24 93	— 8 id. . . .	2 24 19	— 9 id. . .	2 23 45
— 10 id. . . .	2 22 64	— 11 id. . . .	2 21 89	3 ans.	2 21 15
3 ans 1 id. . . .	2 20 54	3 ans 2 id. . . .	2 19 61	— 3 mois. .	2 18 88
— 4 id. . . .	2 18 06	— 5 id. . . .	2 17 84	— 6 id. . .	2 16 62
— 7 id. . . .	2 15 82	— 8 id. . . .	2 15 10	— 9 id., . .	2 14 38
— 10 id. . . .	2 13 58	— 11 id. . . .	2 12 87	4 ans.	2 12 16
4 ans 1 id. . . .	2 11 36	4 ans 2 id. . . .	2 10 66	— 3 mois. .	2 09 96
— 4 id. . . .	2 09 18	— 5 id. . . .	2 08 48	— 6 id. . .	2 07 78
— 7 id. . . .	2 07 00	— 8 id. . . .	2 06 31	— 9 id. . .	2 05 62
— 10 id. . . .	2 04 84	— 11 id. . . .	2 04 16	5 ans.	2 03 48
5 ans 1 id. . . .	2 02 72	5 ans 2 id. . . .	2 02 04	— 3 mois. .	2 01 36
— 4 id. . . .	2 00 60	— 5 id. . . .	1 99 93	— 6 id. . .	1 99 26
— 7 id. . . .	1 98 50	— 8 id. . . .	1 97 84	— 9 id. . .	1 97 18
— 10 id. . . .	1 96 44	— 11 id. . . .	1 95 78	6 ans.	1 95 12
6 ans 1 id. . . .	1 94 38	6 ans 2 id. . . .	1 93 73	— 3 mois. .	1 93 08
— 4 id. . . .	1 92 34	— 5 id. . . .	1 91 70	— 6 id. . .	1 91 06
— 7 id. . . .	1 90 34	— 8 id. . . .	1 89 70	— 9 id. . .	1 89 06

Suite du tableau présentant l'Échelle de réduction proportionnelle des Annuités non échues.

PREMIÈRE SÉRIE.			DEUXIÈME SÉRIE.			TROISIÈME SÉRIE.		
Délai anticipé sur le terme d'échéance.	Somme à payer pour l'extinct. d'une annuité de 2 fr. 50 c.		Délai anticipé sur le terme d'échéance.	Somme à payer pour l'extinct. d'une annuité de 2 fr. 50 c.		Délai anticipé sur le terme d'échéance.	Somme à payer pour l'extinct. d'une annuité de 2 fr. 50 c.	
	FR.	C.		FR.	C.		FR.	C.
— 10 mois. .	1	88 34	— 11 mois. .	1	87 71	7 ans.	1	87 08
7 ans 1 id.. . . .	1	86 36	7 ans 2 id.. . . .	1	85 74	— 3 mois. .	1	85 12
— 4 id.. . . .	1	84 42	— 5 id.. . . .	1	83 80	— 6 id.. . . .	1	83 18
— 7 id.. . . .	1	82 48	— 8 id.. . . .	1	81 87	— 9 id.. . . .	1	81 26
— 10 id.. . . .	1	80 56	— 11 id.. . . .	1	79 96	8 ans.	1	79 36
8 ans 1 id.. . . .	1	78 68	8 ans 2 id.. . . .	1	78 08	— 3 mois. .	1	77 48
— 4 id.. . . .	1	76 80	— 5 id.. . . .	1	76 21	— 6 id.. . . .	1	75 62
— 7 id.. . . .	1	74 94	— 8 id.. . . .	1	74 36	— 9 id.. . . .	1	73 78
— 10 id.. . . .	1	73 12	— 11 id.. . . .	1	72 54	9 ans.	1	71 96
9 ans 1 id.. . . .	1	71 30	9 ans 2 id.. . . .	1	70 73	— 3 mois. .	1	70 16
— 4 id.. . . .	1	69 50	— 5 id.. . . .	1	68 94	— 6 id.. . . .	1	68 38
— 7 id.. . . .	1	67 74	— 8 id.. . . .	1	67 18	— 9 id.. . . .	1	66 62
— 10 id.. . . .	1	65 98	— 11 id.. . . .	1	65 43	10 ans.	1	64 88
10 ans 1 mois. .	1	64 24	10 ans 2 mois.. .	1	63 70	— 3 mois. .	1	63 16
— 4 id. . .	1	62 54	— 5 id. . .	1	62 00	— 6 id.. . .	1	61 46
— 7 id. . .	1	60 84	— 8 id. . .	1	60 31	— 9 id.. . .	1	59 78
— 10 id. . .	1	59 16	— 11 id. . .	1	58 64	11 ans.	1	58 12
11 ans 1 id. . .	1	57 52	11 ans 2 id. . .	1	57 00	— 3 mois. .	1	56 48
— 4 id. . .	1	55 88	— 5 id. . .	1	55 37	— 6 id.. . .	1	54 86
— 7 id. . .	1	54 26	— 8 id. . .	1	53 76	— 9 id.. . .	1	53 26
— 10 id. . .	1	52 68	— 11 id. . .	1	52 18	12 ans.	1	51 68
12 ans 1 id. . .	1	51 10	12 ans 2 id. . .	1	50 64	— 3 mois. .	1	50 12
— 4 id. . .	1	49 54	— 5 id. . .	1	49 06	— 6 id . . .	1	48 58
— 7 id. . .	1	48 02	— 8 id. . .	1	47 54	— 9 id.. . .	1	47 06
— 10 id. . .	1	46 50	— 11 id. . .	1	46 03	13 ans.	1	45 56
Valeur totale des annuités, deux mois après l'opération.	100	66 67	Valeur totale des annuités, un mois après l'opération.	100	33 33	Valeur totale des annuités le jour même de l'opération.	100	00 00

Les annuités sont appelées à parcourir successivement trois phases distinctes, parce qu'elles se trouvent nécessairement dans le premier, dans le second ou dans le troisième mois du trimestre de leur échéance ou de l'année correspondante à leur échéance.

Tel est le motif pour lequel elles ont été divisées en trois séries.

Cette distinction était nécessaire pour déterminer exactement la valeur de chaque annuité qui diffère selon qu'elle se trouve dans le premier, dans le deuxième ou dans le troisième mois du trimestre.

Il est à remarquer en effet que la valeur de l'annuité augmente chaque mois à mesure qu'elle se rapproche de son terme d'échéance, et que de 1 fr. 45 cent. 56, à quoi elle s'élève lorsqu'elle a treize années de terme, elle arrive à 2 fr. 47 cent. 55 au commencement de son dernier trimestre pour s'élever exactement à 2 fr. 50 cent. le jour même de son échéance.

La réduction des annuités a été calculée mois par mois; on peut également l'établir jour par jour ; mais il a paru équitable de leur laisser la même valeur pendant un mois entier, en permettant au débiteur de se libérer au même taux le dernier comme le premier jour du mois, sans variation d'un jour à l'autre ; c'est le seul moyen de ménager à l'Établissement le temps raisonnablement nécessaire pour effectuer l'emploi des deniers provenant de la libération anticipée, au rachat des obligations en circulation, conformément au chapitre xv.

Deuxième mode de libération anticipée.

LIBÉRATION INTÉGRALE.

Pour déterminer la valeur des annuités à une époque quelconque, on réduit du montant total de l'une des séries, autant d'annuités les plus reculées à échoir qu'il y a d'annuités échues ; le restant forme exactement la valeur des annuités non échues.

Ainsi à la quatrième année,

Une opération dont la plus prochaine annuité à recevoir se trouve dans le premier mois de son trimestre, s'applique à la troisième série qui présente pour la valeur totale des annuités . . . . 100 fr. 00 c. 00

En retranchant pour les douze annuités échues un nombre égal d'annuités à échoir, les plus reculées s'élevant ensemble à . . . 18 50 12

On trouve pour la valeur des quarante annuités non échues. . . 81 49 88

À la même époque,

Une opération dont la plus prochaine annuité à recevoir se trouve dans le deuxième mois de son trimestre, s'applique à la deuxième série qui présente pour la valeur totale des annuités 100 33 33

En retranchant pour les douze annuités échues un nombre égal d'annuités à écheoir, les plus reculées s'élevant ensemble à . . . 18 56 20

On trouve pour la valeur des quarante annuités non échues . . 81 77 13

Enfin, à la même époque,

Une opération dont la plus prochaine annuité à recevoir se trouve dans le troisième mois de son trimestre, s'applique à la première série qui présente pour la valeur totale des annuités 100 66 67

En retranchant pour les douze annuités échues un nombre égal d'annuités à échoir, s'élevant ensemble à 18 62 28

On trouve pour la valeur des quarante annuités non échues . . 82 04 39

C'est cette somme ainsi déterminée que le débiteur est admis à payer pour effectuer sa libération anticipée intégrale, car elle représente exactement le montant de sa dette, conformément au tableau suivant:

LIBÉRATION INTÉGRALE ANTICIPÉE DES DÉBITEURS.

VALEUR DES ANNUITÉS non échues, depuis le moment de leur création par le contrat jusqu'à celui de leur échéance ou extinction progressive de la dette au fur et à mesure de l'acquit des annuités.

ÉPOQUE à laquelle est parvenue l'opération.	PREMIÈRE SÉRIE. Annuités dont la plus prochaine a encore un mois de terme.		DEUXIÈME SÉRIE. Annuités dont la plus prochaine a encore deux mois de terme.		TROISIÈME SÉRIE. Annuités dont la plus prochaine a encore trois mois de terme.	
	Nombre.	Valeur.	Nombre.	Valeur.	Nombre.	Valeur.
		FR. C.		FR. C.		FR. C.
1re année. 0 trimestre. . . .	52	100 66 67	52	100 33 33	52	100 00 00
1er —	51	99 20 17	51	98 87 30	51	98 54 44
2e —	50	97 72 15	50	97 39 76	50	97 07 38
3e —	49	96 22 61	49	95 90 70	49	95 58 80
2e année. 4e trimestre. . . .	48	94 74 51	48	94 40 09	48	94 08 68
1er —	47	93 18 83	47	92 87 91	47	92 57 00
2e —	46	91 64 57	46	91 34 15	46	91 03 74
3e —	45	90 08 69	45	89 78 78	45	89 48 88
3e année. 4e trimestre. . .	44	88 54 17	44	88 21 78	44	87 92 40
1er —	43	86 92 01	43	86 63 14	43	86 34 28
2e —	42	85 31 17	42	85 02 83	42	84 74 50
3e —	41	83 68 63	41	83 40 83	41	83 13 04
4e année. 4e trimestre. . .	40	82 04 39	40	81 77 13	40	81 49 88
1er —	39	80 38 41	39	80 11 70	39	79 85 00
2e —	38	78 70 67	38	78 44 52	38	78 18 38
3e —	37	77 01 17	37	76 75 58	37	76 50 00
5e année. 4e trimestre. . . .	36	75 20 87	36	75 04 85	36	74 79 84
1er —	35	73 56 75	35	73 32 31	35	73 07 88
2e —	34	71 81 84	34	71 57 95	34	71 34 10
3e —	33	75 05 01	33	69 81 74	33	69 58 48
6e année. 4e trimestre. . . .	32	68 26 23	32	68 03 66	32	67 81 00
1er —	31	66 45 77	31	66 23 70	31	66 01 64
2e —	30	64 63 29	30	64 41 83	30	64 20 38
3e —	29	62 78 87	29	62 58 03	29	62 37 20
7e année. 4e trimestre. . . .	28	60 92 51	28	60 72 29	28	60 52 08
1er —	27	59 04 17	27	58 84 58	27	58 65 00
2e —	26	57 13 83	26	56 94 88	26	56 75 94
3e —	25	55 21 49	25	55 03 18	25	54 84 88

Suite du Tableau présentant la valeur des annuités depuis le moment de leur création, etc.

ÉPOQUE à laquelle est parvenue l'opération.	PREMIÈRE SÉRIE. Annuités dont la plus prochaine a encore un mois de terme.		DEUXIÈME SÉRIE. Annuités dont la plus prochaine a encore deux mois de terme.		TROISIÈME SÉRIE. Annuités dont la plus prochaine a encore trois mois de terme.	
	Nombre.	Valeur.	Nombre.	Valeur.	Nombre.	Valeur.
8e année. 4e trimestre....	24	53 27 11	24	53 09 45	24	52 91 80
1er —	23	51 31 67	23	51 13 67	23	50 96 68
2e —	22	49 32 17	22	49 15 83	22	48 49 50
3e —	21	47 31 57	21	47 15 90	21	47 00 24
9e année. 4e trimestre....	20	45 28 85	20	45 13 86	20	44 98 88
1er —	19	43 24 01	19	43 09 70	19	42 95 40
2e —	18	41 17 01	18	41 03 39	18	40 89 78
3e —	17	39 07 83	17	38 94 91	17	38 82 00
10e année. 4e trimestre....	16	36 96 47	16	36 84 25	16	36 72 04
1er —	15	34 82 89	15	34 71 38	15	34 59 88
2e —	14	32 67 07	14	32 56 28	14	32 45 50
3e —	13	30 49 01	13	30 38 94	13	30 28 88
11e année. 4e trimestre....	12	28 28 67	12	28 19 33	12	28 10 00
1er —	11	26 06 03	11	25 97 44	11	25 88 85
2e —	10	23 81 10	10	23 73 25	10	23 65 40
3e —	9	21 53 83	9	21 46 73	9	21 39 63
12e année. 4e trimestre....	8	19 24 20	8	19 17 86	8	19 11 52
1er —	7	16 92 21	7	16 86 63	7	16 81 05
2e —	6	14 57 82	6	14 53 01	6	14 48 20
3e —	5	12 21 01	5	12 16 98	5	12 12 95
13e année. 4e trimestre....	4	9 81 76	4	9 78 52	4	9 75 28
1er —	3	7 40 05	3	7 37 61	3	7 35 17
2e —	2	4 95 86	2	4 94 23	2	4 92 60
3e —	1	2 49 19	1	2 48 37	1	2 47 55

CHAPITRE XII.

Résultats que présente une opération de 100 francs pour le cas de libération anticipée.

PREMIÈRE PARTIE

APPLICABLE AU CAS OU CETTE LIBÉRATION N'EST QUE PARTIELLE ET SE BORNE AUX ANNUITÉS LES PLUS RECULÉES.

Le produit des annuités à recevoir mis en regard des obligations à payer, fait voir que le bénéfice final de l'Établissement est de 2 francs 23 cent. pour une opération de 100 francs conduite à son terme de durée de treize années.

La libération anticipée partielle ou totale réduit ce bénéfice dans la proportion combinée de l'abréviation du terme de libération et de l'abaissement du montant des annuités, d'après l'échelle de réduction proportionnelle.

Si, le jour même du contrat, le débiteur se libérait des quatre annuités trimestrielles les plus reculées, il aurait à payer :

Pour la 1re annuité ayant 13 ans de terme , 1 f. 45 c. 56 équivalant à intérêts composés à. . • 2 f. 42 c. 37
Pour la 2e, ayant 12 ans 9 mois de terme 1 47 06 équivalant à — — . . . 2 42 48
Pour la 3e, ayant 12 ans 6 mois de terme 1 48 58 équivalant à — — . . . 2 42 61
Pour la 4e, ayant 12 ans 6 mois de terme 1 50 12 équivalant à — — . . . 2 42 72

   Total à payer. . . 5 91 32 équivalant en principal et intérêts à. . 9 70 18

   Réduction du bénéfice revenant à l'Établissement. 29 82

   Total égal au montant des quatre annuités à leur échéance. 10 00 00

La libération anticipée des quatre annuités les plus reculées réduirait donc de 29 cent. 82 le bénéfice de l'Établissement, qui de 2 francs 23 cent. descendrait à 1 franc 93 cent. 18 réalisé à l'expiration, non plus de la treizième année, mais de la douzième année ; car c'est à douze années que serait aussi réduit le terme de durée de l'opération.

Comme on le voit, les bases adoptées pour l'échelle de réduction des annuités, sont fondées sur l'équité la plus scrupuleuse, puisqu'elles réduisent proportionnellement le bénéfice de l'Établissement.

PREMIÈRE ANNÉE.

A l'expiration de la première année, l'annuité la plus reculée a encore douze ans de terme.

La libération anticipée des

4 annuités les plus recul. s'élev.ᵗ à 6 ᶠ 17 ᵉ réd. ce bénéf. de » ᶠ 28 ᵉ reste 1 ᶠ 95 ᵉ acquis à l'expir. de la 12ᵉ année.
8 — id. id. 12 59 — id. » 54 — 1 69 — id. 11ᵉ id.
12 — id. id. 19 29 — id. » 78 — 1 45 — id. 10ᵉ id.
16 — id. id. 26 28 — id. » » — 1 23 — id. 9ᵉ id.
20 — id. id. 33 37 — id. 1 20 — 1 03 — id. 8ᵉ id.
24 — id. id. 40 97 — id. 1 38 — » 85 — id. 7ᵉ id.
28 — id. id. 48 90 — id. 1 53 — » 70 — id. 6ᵉ id.
32 — id. id. 57 17 — id. 1 68 — » 55 — id. 5ᵉ id.
36 — id. id. 65 78 — id. 1 80 — » 43 — id. 4ᵉ id.
40 — id. id. 74 77 — id. 1 88 — » 35 — id. 3ᵉ id.
44 — id. id. 84 13 — id. 1 95 — » 28 — id. 2ᵉ id.
48 — id. id. 93 89 — id. 2 » — » 23 — id. 1ʳᵉ id.

DEUXIÈME ANNÉE.

A l'expiration de la deuxième année, l'annuité la plus reculée a encore onze années de terme.
La libération anticipée des

4 annuités les plus recul. s'élev.ᵗ à 6 ᶠ 44 ᵉ réd. ce bénéf. de » ᶠ 26 ᵉ reste 1 ᶠ 97 ᵉ acquis à l'expir. de la 12ᵉ année.
8 — id. id. 13 14 — id. » 50 — 1 73 — id. 11ᵉ id.
12 — id. id. 20 13 — id. » 74 — 1 49 — id. 10ᵉ id.
16 — id. id. 27 42 — id. » 86 — 1 27 — id. 9ᵉ id.
20 — id. id. 35 02 — id. 1 06 — 1 17 — id. 8ᵉ id.
24 — id. id. 42 95 — id. 1 23 — 1 » — id. 7ᵉ id.
28 — id. id. 51 21 — id. 1 40 — » 83 — id. 6ᵉ id.
32 — id. id. 59 82 — id. 1 52 — » 71 — id. 5ᵉ id.
36 — id. id. 68 80 — id. 1 61 — » 62 — id. 4ᵉ id.
40 — id. id. 78 15 — id. 1 69 — » 54 — id. 3ᵉ id.
44 — id. id. 87 90 — id. 1 77 — » 46 — id. 2ᵉ id.

TROISIÈME ANNÉE.

A l'expiration de la troisième année, l'annuité la plus reculée a encore dix années de terme.
La libération anticipée des

4 annuités les plus recul. s'élev.ᵗ à 6 ᶠ 71 ᵉ réd. ce bénéf. de » ᶠ 23 ᵉ reste 2 ᶠ » ᵉ acquis à l'expir. de la 12ᵉ année.
8 — id. id. 13 70 — id. » 46 — 1 77 — id. 11ᵉ id.
12 — id. id. 21 » — id. » 66 — 1 57 — id. 10ᵉ id.
16 — id. id. 28 60 — id. » 83 — 1 40 — id. 9ᵉ id.
20 — id. id. 36 52 — id. 1 10 — 1 23 — id. 8ᵉ id.
24 — id. id. 44 78 — id. 1 13 — 1 10 — id. 7ᵉ id.
28 — id. id. 53 40 — id. 1 27 — » 96 — id. 6ᵉ id.
32 — id. id. 62 38 — id. 1 36 — » 87 — id. 5ᵉ id.

36 annuit. les plus recul. s'élev₁ à 71 ᶠ 74 ᶜ réd. ce bénéf. de 1 ᶠ 46 ᶜ reste » ᶠ 77 ᶜ acquis à l'expirat. de la 4ᵉ année.
40 — id. id. 84 48 — id. 1 53 — » 68 — id. 3ᵉ id.

QUATRIÈME ANNÉE.

A l'expiration de la quatrième année, l'annuité la plus reculée a encore neuf ans de terme. La libération anticipée des

4 annuités les plus récul. s'élev₁ à 7 ᶠ » ᶜ réd. ce bénéf. de » ᶠ 22 ᶜ reste 2 ᶠ 01 ᶜ acquis à l'expir. de la 12ᵉ année.
8 — id. id. 14 29 — id. » 42 — 1 81 — id. 11ᵉ id.
12 — id. id. 21 89 — id. » 60 — 1 63 — id. 10ᵉ id.
16 — id. id. 29 82 — id. » 76 — 1 47 — id. 9ᵉ id.
20 — id. id. 38 08 — id. » 91 — 1 32 — id. 8ᵉ id.
24 — id. id. 46 69 — id. 1 04 — 1 19 — id. 7ᵉ id.
28 — id. id. 55 67 — id. 1 15 — 1 08 — id. 6ᵉ id.
32 — id. id. 65 03 — id. 1 25 — » 98 — id. 5ᵉ id.
36 — id. id. 74 78 — id. 1 35 — » 88 — id. 4ᵉ id.

CINQUIÈME ANNÉE.

A l'expiration de la cinquième année, l'annuité la plus reculée a encore huit ans de terme. La libération anticipée des

4 annuités les plus recul. s'élev₁ à 7 ᶠ 29 ᶜ réd. ce bénéf. de » ᶠ 20 ᶜ reste 2 ᶠ 03 ᶜ acquis à l'expir. de la 12ᵉ année.
8 — id. id. 14 90 — id. » 38 — 1 85 — id. 11ᵉ id.
12 — id. id. 22 83 — id. » 54 — 1 69 — id. 10ᵉ id.
16 — id. id. 31 09 — id. » 58 — 1 55 — id. 9ᵉ id.
20 — id. id. 39 70 — id. » 81 — 1 42 — id. 8ᵉ id.
24 — id. id. 48 68 — id. » 84 — 1 29 — id. 7ᵉ id.
28 — id. id. 58 03 — id. 1 06 — 1 17 — id. 6ᵉ id.
32 — id. id. 67 78 — id. 1 15 — 1 08 — id. 5ᵉ id.

SIXIÈME ANNÉE.

A l'expiration de la sixième année, l'annuité la plus reculée a encore sept ans de terme. La libération anticipée des

4 annuités les plus recul. s'élev₁ à 7 ᶠ 69 ᶜ réd. ce bénéf. de » ᶠ 18 ᶜ reste 2 ᶠ 05 ᶜ acquis à l'exp. de la 12ᵉ année.
8 — Id. Id. 15 53 — Id. » 34 — 1 89 — id. 11ᵉ id.
12 — Id. Id. 23 79 — Id. » 48 — 1 75 — id. 10ᵉ id.
16 — Id. Id. 37 40 — Id. » 60 — 1 62 — id. 9ᵉ id.
20 — Id. Id. 44 48 — Id. » 74 — 1 49 — id. 8ᵉ id.
24 — Id. Id. 50 75 — Id. » 85 — 1 36 — id. 7ᵉ id.
28 — Id. Id. 60 50 — Id. » 97 — 1 26 — id. 6ᵉ id.

SEPTIÈME ANNÉE.

A l'expiration de la septième année, l'annuité là plus reculée a encore six ans de terme.
La libération anticipée des

4 annuités les plus recul. s'élev⁺ à 7 ᶠ 93 ᶜ réd. ce bénéf. de » ᶠ 16 ᶜ reste 2 ᶠ 07 ᶜ acquis à l'exp. de la 12ᵉ année.
8 — id. id. 16 19 — — » 31 — 1 92 — id. 11ᵉ id.
12 — id. id. 24 89 — — » 45 — 1 79 — id. 10ᵉ id.
16 — id. id. 33 78 — — » 57 — 1 66 — id. 9ᵉ id.
20 — id. id. 43 14 — — » 68 — 1 54 — id. 8ᵉ id.
24 — id. id. 52 87 — — » 78 — 1 45 — id. 7ᵉ id.

HUITIÈME ANNÉE.

A l'expiration de la huitième année, l'annuité la plus reculée a encore cinq années de terme.
La libération anticipée des

4 annuités les plus recul. s'élev⁺ à 7 ᶠ 26 ᶜ réd. ce bénéf. de » ᶠ 15 ᶜ reste 2 ᶠ 08 ᶜ acquis à l'exp. de la 12ᵉ année.
8 — id. id. 16 87 — — » 29 — 1 94 — id. 11ᵉ id.
12 — id. id. 25 85 — — » 62 — 1 81 — id. 10ᵉ id.
16 — id. id. 35 21 — — » 53 — 1 70 — id. 9ᵉ id.
20 — id. id. 44 96 — — » 62 — 1 61 — id. 8ᵉ id.

NEUVIÈME ANNÉE.

A l'expiration de la neuvième année, l'annuité la plus reculée a encore quatre ans de terme.
La libération anticipée des

4 annuités les plus recul. s'élev⁺ à 8 ᶠ 61 ᶜ réd. ce bénéf. de » ᶠ 14 ᶜ reste 2 ᶠ 09 ᶜ acquis à l'exp. de la 12ᵉ année.
8 — id. id. 17 59 — — » 27 — 1 96 — id. 11ᵉ id.
12 — id. id. 26 95 — — » 36 — 1 84 — id. 10ᵉ id.
16 — id. id. 36 70 — — » 47 — 1 76 — id. 9ᵉ id.

DIXIÈME ANNÉE.

A l'expiration de la dixième année, l'annuité la plus reculée a encore trois ans de terme.
La libération anticipée des

4 annuités les plus recul. s'élev⁺ à 8 ᶠ 97 ᶜ réd. ce bénéf. de » ᶠ 13 ᶜ reste 2 ᶠ 10 ᶜ acquis à l'exp. de la 12ᵉ année.
8 — id. id. 18 33 — — » 25 — 1 88 — id. 11ᵉ
12 — id. id. 27 8 — — » 34 — 1 90 — id. 10ᵉ id.

ONZIÈME ANNÉE.

A l'expiration de la onzième année, l'annuité la plus reculée a encore deux ans de terme.
La libération anticipée des

4 annuités les plus recul, s'élev^t à 9 ^f 35 ^e réd. ce bénéf. de » ^f 12 ^e reste 2 ^f 11 ^e acquis à l'exp. de la 12e année.
8 — id. id. 19 10 — — » 21 — 2 0 — id. 11e id.

DOUZIÈME ANNÉE.

A l'expiration de la douzième année, l'annuité la plus reculée a encore un an de terme.
La libération anticipée des

4 annuités les plus recul. s'élev^t à 9 ^d 75 ^e réd. ce bénéf. de » ^f 9 ^e reste 2 ^f 14 ^e acquis à l'exp. de la 12e année.

DEUXIÈME PARTIE

APPLICABLE AU CAS OU LA LIBÉRATION ANTICIPÉE EST TOTALE ET OPÈRE A LA FOIS L'EXTINCTION ABSOLUE DE TOUTES LES ANNUITÉS NON ÉCHUES ET LE RACHAT DE TOUTES LES OBLIGATIONS EN CIRCULATION.

§ Ier.— Libération anticipée effectuée immédiatement et le jour même de l'opération.

Le débiteur voulant se libérer aussitôt après avoir souscrit le contrat, cette libération, qui ne lui est point interdite, produit absolument le même effet que la résiliation du contrat, puisque les cinquante-deux annuités trimestrielles représentent exactement une valeur de cent francs, d'après l'échelle de réduction proportionnelle établie dans le chapitre précédent, ci. . . . . 100 f. » c.

En recevant cette somme, l'Établissement rachète immédiatement les obligations en circulation, valant au pair. . . . . . 100 »

Partant, la somme remboursée est égale à la somme prêtée. . . » »

La différence de la valeur des obligations en circulation avec leur valeur au pair, ne peut porter aucun préjudice au débiteur, puisqu'il lui est loisible de racheter lui-même les obligations au cours de circulation pour le donner en paiement pour leur valeur nominale, à l'Établissement, qui les reçoit toujours au pair.

§ II.— Libération anticipée de 12 années, après une année écoulée de l'opération.

Les quarante-huit annuités non échues valent, à cette époque, d'après l'échelle de réduction proportionnelle. . . . . 94 f. 08 c.

En recevant cette somme, l'Etablissement rachète immédiatement les douze obligations en circulation, valant au pair. . . . . 92 f. 31 c.

Il rentre dans les 1 fr. 54 cent. par lui avancés pour suppléer à l'insuffisance des annuités de l'année écoulée. . . . 1 54

93 85

Partant, il reste un excédant de . . . . » f. 23 c.

Cet excédant forme le bénéfice de l'Etablissement.

§ III. — Libération anticipée de 11 années, après deux années écoulées de l'opération.

Les quarante-quatre annuités non échues valent à cette époque, d'après l'échelle de réduction proportionnelle. . . . . 87 f. 91 c.

En recevant cette somme, l'Établissement rachète immédiatement les obligations encore en circulation, valant au pair. . . . 84 f. 62 c.

Il rentre dans ses avances, s'élevant pour l'année à 1 f. 23 c.

Pour l'année antérieure à 1 54

Un an d'intérêts de cette dernière somme. . » 6

2 83

87 45

Reste comme bénéfice acquis à l'Etablissement. . . . . » f. 46 c.

§ IV. — Libération anticipée de 10 années, après trois années écoulées de l'opération.

Les quarante annuités trimestrielles non échues valent à cette époque, d'après l'échelle proportionnelle de réduction. . . . . . . 81 f. 48 c.

En recevant cette somme, l'Etablissement rachète les dix obligations encore en circulation, valant au pair. . . . . . 76 f. 92 c.

Il rentre dans ses avances s'élevant pour l'année à » f. 93 c.

Pour les années antérieures à . . . 2 83

Un an d'intérêts de cette dernière somme. . » 12

3 88

80 80

Reste comme bénéfice acquis à l'Etablissement. . . . . » f. 68 c.

§ V. — Libération anticipée de neuf années, après 4 années écoulées de l'opération.

Les trente-six annuités non échues valent, à cette époque, d'après l'échelle de réduction proportionnelle. . . . . 74 f. 77 c.

A reporter. 74 77

Report. . . . . . 74 f. 77 c.

En recevant cette somme, l'Etablissement rachète les neuf obligations encore
en circulation, valant au pair. . . . . . 69 f. 23 c.
Il rentre dans ses avances s'élev^t pour l'année à » f. 62 c.
Pour les années antérieures à . . . 3 88   4 66   73 89
Un an d'intérêts de cette dernière somme. . » 16

Reste comme bénéfice acquis à l'Établissement. . . . . » f. 88 c.

§ VI.—Libération anticipée de 8 années, après cinq années écoulées de l'opération.

Les trente-deux annuités non échues valent à cette époque, d'après l'échelle de réduc-
tion. . . . . 67 f. 78 c.
En recevant cette somme, la Caisse rachète les huit obligations encore en
circulation, valeur au pair. . . . . . . 61 f. 54 c.
Elle rentre dans ses avances s'élev^t pour l'année à » f. 34 c.
Pour les années antérieures à. . . . 4 66   5 16   66 70
Un an d'intérêts de cette dernière somme. . » 19

Reste comme bénéfice acquis à l'Établissement. . . . . 1 f. 08 c.

§ VII.—Libération anticipée de 7 années, après six années écoulées de l'opération.

Les vingt-huit annuités non échues valent, à cette époque, d'après l'échelle de réduc-
tion. . . . . 60 f. 48 c.
En recevant cette somme, la Caisse rachète les sept obligations encore en
circulation, valant au pair. . . . . . . 53 f. 85 c.
Elle rentre dans ses avances s'élevant à . . 5 f. 16 c.
Un an d'intérêts de cette somme. . . » 21   5 37   59 22

Reste comme bénéfice acquis à l'Établissement. . . . . 1 f. 26 c.

§ VIII.—Libération anticipée de 6 années, après sept années écoulées de l'opération.

Les vingt-quatre annuités non échues valent, à cette époque, d'après l'échelle de réduction. . . . . 52 f. 88 c.
En recevant cette somme, la Caisse rachète immédiatement les obligations

A reporter. 52 88

Report. . . . . . . 52 f. 88 c.

encore en circulation, valant au pair. . . . . . 46 f. 15 c.

Elle rentre dans ses avances des années antérieures s'élevant
à. . . . . 5 f. 37 c.

Un an d'intérêts de cette somme. . . . » 21

Ensemble. . . . 5 f. 58 c.

51 43

Les annnités de la dernière année lui ont laissé
une plus-value de 30 c. à déduire, ci. . . . » 30

Ce qui réduit ses avances à 5 f. 28 c. 5 28

Reste comme bénéfice acquis à l'Établissement. . . . . . 1 f. 45 c.

§ IX.—Libération anticipée de 5 années, après huit années écoulées de l'opération.

Les 20 annuités non échues val^t à cette époque, d'après l'échelle de réd^{on}. 44 f. 95 c.

En recevant cette somme, la Caisse rachète immédiatement les cinq obligations en circulation, valant au pair. . . . . . 38 f. 46 c.

Elle rentre dans ses avances s'élevant à. . . 5 f. 28 c.

Un an d'intérêts de cette somme. . . . » 21

Ensemble. . . 5 f. 49 c.

43 34

Les annuités de l'année écoulée lui ont laissé une
plus-value de. . . . . » 61

Ce qui réduit ses avances à 4 f. 88 c. 4 88

Reste comme bénéfice acquis à l'Établissement. . . . . . 1 f. 61 c.

§ X.—Libération anticipée de 4 années, après neuf années écoulées de l'opération.

Les seize annuités non échues valent à cette époque, d'après l'échelle de réduction proportionnelle. . . . . 36 f. 69 c.

En recevant cette somme, la Caisse rachète les quatre obligations en circulation, valant au pair. . . . . 30 f. 77 c.

Elle rentre dans ses avances s'élevant à. . . 4 f. 88 c.

Un an d'intérêts de cette somme. . . . » 20

Ensemble. . . 5 f. 08 c.

34 93

Les annuités de l'année écoulée lui ont laissé une
plus-value de. . . . . » 92

Ce qui réduit ses avances à 4 f. 16 c. 4 16

Bénéfice acquis à l'Établissement. . . . . . . 1 f. 76 c.

§ XI.—Libération anticipée de 3 années, après dix années de l'opération.

Les douze annuités non échues valent, à cette époque , d'après l'échelle de réduction, 28 francs 08 centimes, ci. . . . . 28 f. 08 c.

En recevant cette somme, la Caisse rachète les trois obligations en circulation, valant au pair. . . . . 23 f. 08 c.

Elle rentre dans ses avances s'élevant à . . 4 f. 16 c.

Un an d'intérêts. . . . . . . » 7

Ensemble. . . 4 f. 33 c.

Les annuités de l'année écoulée lui ont laissé une plus-value de 1 23

Ce qui réduit ses avances à 3 f. 10 c. 3 10

26 18

Reste comme bénéfice acquis à l'Établissement. . . . . 1 f. 90 c.

§ XII.—Libération anticipée de 2 années, après quatre années écoulées de l'opération.

Les huit annuités non échues val[t] à cette époque, d'après l'échelle de réd[on]. 19 f. 10 c.

En recevant cette somme, l'Établissement rachète les deux obligations encore en circulation, valant au pair. . . . . . 15 f. 38 c.

Il rentre dans ses avances s'élevant à . . 3 f. 10 c.

Un an d'intérêts de cette somme. . . » 12

Ensemble. . . 3 f. 22 c.

L'excédant des annuités de l'année l'ont bénéficié d'une plus-value de . . . . 1 f. 53 c.

Ce qui réduit le montant de ses avances à 1 f. 69 c.

17 07

Bénéfices acquis à l'Établissement. . . . . 2 f. 03 c.

§ XIII.—Libération anticipée d'une année, après douze années écoulées de l'opération.

Les quatre annuités non échues valent, à cette époque, d'après l'échelle de réduction. . . . . 9 f. 75 c.

En recevant cette somme, la Caisse rachète la seule obligation encore en circulation, valant au pair, *à reporter*. 7 69

Report. 7 69

Reste comme excédant. . . . . 2 f. 06 c.

L'année écoulée a produit sur les annuités une plus-value de 1 f. 84 c.

L'Établissement était en avance de . . 1 f. 69 c.

Un an d'intérêt de cette somme. . . . » 07

Ensemble. . . 1 f. 76 c. 1 76

Excédant des rentrées sur les avances. . . . . » f. 08 c. » 08

En ajoutant cet excédant à celui des annuités, on trouve pour bénéfices acquis à l'Établissement. . . . . 2 f. 14 c.

§ XIV et dernier.—Libération des annuités à leur échéance, sans anticipation aucune.

On a vu par le tableau contenu dans le chapitre iv que l'excédant des annuités de la dernière année sur les obligations offre une plus-value de . . . 2 f. 15 c.

Si l'on ajoute à cette somme les 8 centimes formant, comme on vient de le voir, l'excédant des années précédentes. . . . . . » 08

On retrouve le montant exact de la plus-value des annuités, pour une opération conduite à son terme de durée de treize années. . . . 2 f. 23 c.

Ce qui prouve l'exactitude des calculs qui précèdent.

CHAPITRE XIII.

Résultats généraux de la libération anticipée.

La libération anticipée, considérée dans ses résultats, encore bien qu'elle soit tout en faveur des débiteurs, ne présente en réalité absolument rien de désavantageux à l'Établissement.

Il est vrai que ses bénéfices sont réduits dans la proportion de l'abréviation du terme de durée de l'opération ; mais cette réduction est équitable, eu égard aux charges et à la responsabilité dont l'Établissement se trouve allégé ; car, pour obtenir le bénéfice entier, il est obligé à des sacrifices qui l'atténuent considérablement, de sorte que la libération anticipée mettant aussi un terme aux sacrifices, lui permet de se dédommager sur les sacrifices mêmes qu'alors il n'est plus obligé de faire.

Pour en donner un exemple, il suffira de dire qu'une opération de 100 fr. l'oblige à conserver disponible 2 fr. 92 c., tant en rentes sur l'État, qu'en numéraire complétement improductif pendant treize années, pour assurer comme réserve le service régulier de la Caisse ;

Si, par l'effet d'une libération anticipée, cette opération arrive à son terme à la dixième ou à la onzième année, l'Établissement rentre dans la libre disposition de ces valeurs, deux ou trois années plutôt qu'il ne l'eût fait, s'il n'y avait pas eu anticipation du terme, et en tire un produit qui remplit le vide et lui tient lieu du léger bénéfice dont l'a privé la libération anticipée.

Considérée sous le point de vue du surcroit de ressources qu'elle fournit à l'Établissement, la libération anticipée lui procure des avantages réels.

En premier lieu, si elle est intégrale, elle rend à l'Établissement la somme plus ou moins forte que l'opération avait absorbée sur le capital social, lui permet la libre disposition des valeurs en rentes sur l'État et en numéraire fournis à la réserve à l'occasion de cette opération, et lui laisse finalement les bénéfices acquis pendant le temps de sa durée ; ce sont là des accroissements aux ressources de l'Établissement, qui en profite et en jouit jusqu'au moment de la liquidation annuelle qui permet ou refuse à la Compagnie, selon la situation de la Caisse, le prélèvement de ses bénéfices.

En second lieu, si la libération n'est pas intégrale, l'avantage est moins grand pour la Compagnie, qui n'a aucun prélèvement à faire tant que l'opération n'est point arrivée au terme plus ou moins anticipé de son existence, la réserve maintenue dans son intégrité n'est elle-même sujette à aucune réduction: mais précisément par ce motif, l'avantage n'en est que plus réel, sinon pour la Compagnie, du moins pour l'Établissement; car ses ressources en sont augmentées, non d'une manière momentanée comme le fait une libération intégrale, mais d'une manière durable jusqu'au terme plus ou moins éloigné de la libération finale.

Il existe, comme on l'a exposé au chapitre III, un rapport différentiel entre les annuités à recevoir et les obligations à payer ; les annuités de la cinquième année, par exemple, destinées pour faire face aux intérêts de neuf treizièmes et au remboursement d'un treizième des obligations, présentent une insuffisance de 46 centimes.

Mais la libération anticipée de quatre années déplaçant les annuités de la cinquième année, pour les mettre en regard des obligations de la neuvième, ce n'est pas une insuffisance de 46 centimes qui se manifeste, c'est au contraire un excédant de 77 centimes.

D'où il suit que la libération anticipée partielle augmente les ressources de l'Établissement de toute la supériorité qu'elle procure pour l'avenir aux annuités restantes sur les obligations à payer.

Si les débiteurs se libéraient en moyenne au terme de cinq ou six années, les sommes fournies à la réserve seraient réduites de plus de moitié, et n'y resteraient pas aussi longtemps improductives.

Les produits de l'Établissement seraient moindres sans doute, mais le même capital social suffisant alors pour une somme d'opérations plus que doublée, donnerait en réalité des bénéfices encore plus élevés.

C'est ainsi que les combinaisons de ce système ne sont qu'une suite non interrompue de compensations qui balancent les inconvénients par des avantages, de manière à en atténuer l'effet et à maintenir l'équilibre.

CHAPITRE XIV.

Cours de monnaie attribué aux obligations dans la libération anticipée.

Les débiteurs ont la faculté d'employer indifféremment, pour leur libération anticipée, du numéraire ou des obligations mêmes de la Caisse, que l'Établissement reçoit pour leur valeur au pair, quelque soit d'ailleurs leur cours en circulation.

CHAPITRE XV.

Emploi des sommes provenant de libération anticipée.

Le montant des sommes reçues des débiteurs à titre de libération anticipée, est employé uniquement au rachat des obligations dans la proportion du capital remboursé.

Les obligations ainsi rachetées, et celles données en paiement par les débiteurs, sont éteintes pour ne plus rentrer en circulation.

Si, au lieu de prescrire ce rachat, on imposait à l'Établissement la condition de conserver, pour le faire valoir à 4 p. °|₀ d'intérêts, le produit de la libération anticipée, et d'en tenir compte à la Caisse aux échéances, cette condition lui serait onéreuse ; car le produit d'une annuité ainsi réduite ne s'élèverait point, principal et intérêts cumulés, à une somme égale au montant de l'annuité non réduite à l'époque de son échéance, et il faudrait alors établir une échelle de réduction un peu moins forte, et partant moins avantageuse aux débiteurs.

Mais l'emploi prescrit, au rachat même des obligations, en opère le remboursement dans la proportion de la libération anticipée des annuités, et maintient le rapport constant d'équilibre que chaque opération doit toujours présenter depuis sa naissance jusqu'à son terme, entre les annuités à recevoir et les obligations à payer.

CHAPITRE XVI.

Utilité de la Caisse immobilière pour l'industrie.

Un grand nombre d'industries sont assujetties, par la nature même de leurs travaux, à des interruptions annuelles ou périodiques, et leurs capitaux, momentanément sans emploi, demeurent improductifs.

L'agriculture est particulièrement dans ce cas ;

Le besoin de capitaux, dans cette industrie, se fait généralement sentir au commencement du printemps, alors que la reprise des travaux nécessite l'achat de semences, d'instruments aratoires, et surtout de bestiaux indispensables à l'exploitation.

C'est donc à cette époque de l'année que les cultivateurs et les herbagers ont recours à des emprunts.

Vers le mois d'octobre ou de novembre, la vente du produit de leurs récoltes et celle de leurs bestiaux, réalisent momentanément les capitaux absorbés par l'exploitation ; mais pour retrouver ces capitaux lorsqu'ils redeviennent nécessaires par la reprise des travaux, l'année suivante, ils n'ont d'autre moyen que celui de les conserver improductifs pendant plusieurs mois, n'osant les utiliser par un emploi quelconque, dans la crainte de ne les avoir plus disponibles au moment où leur industrie les réclamera de nouveau.

L'agriculture ayant pour créancière la Caisse immobilière, utilisera sans danger ses capitaux à mesure de leur rentrée, en achat d'obligations de la Caisse, et deviendra, par ce moyen, pendant plusieurs mois, tout à la fois créancière et débitrice.

Cet emploi, extrêmement avantageux, en ce qu'il éteint momentanément la dette, est absolument sans inconvénient, car il remplit la condition essentielle pour toutes les industries, celle de ne point aliéner les capitaux ; lorsque l'exploitation les réclame, il suffit, pour retrouver les capitaux, de faire revivre la dette, en rendant à la circulation les obligations achetées.

La dette, sommeillant, pour ainsi dire, chaque année pendant plusieurs mois, cette circonstance opère, au profit du débiteur, une véritable remise d'intérêts, proportionnée au temps plus ou moins long pendant lequel sa dette a sommeillé.

Le moment où l'agriculture peut sans inconvénient se priver de ses capitaux, est souvent celui où ils deviennent indispensables à une autre industrie, dont les besoins se manifestent précisément lorsque ceux de l'agriculture ont cessé ; il en résulte pour les capitaux une circulation plus active et partant mieux utilisée.

C'est ainsi que les industries de nature les plus diverses mises en rapport par l'intermédiaire intelligent de la Caisse immobilière, et unies entr'elles par les mêmes besoins, se prêteront un mutuel appui et verront s'accroître leurs ressources.

CHAPITRE XVII.

Fonds social de l'Établissement.

Le fonds social de l'Établissement doit être porté à cinq millions de francs, réalisables, savoir :

Deux millions de francs lors de la formation de la société ;

Et deux millions cinq cent mille francs dans le cours de la cinquième année. Quant aux cinq cent mille francs de surplus, ils ne sont réalisables que dans le cas où l'Établissement en éprouverait le besoin.

De plus, l'Établissement prélèvera sur les bénéfices de la société anonyme une portion annuelle déterminée pour former un fonds de réserve particulière, destinée à augmenter le fonds social d'un million de francs.

Emploi du capital social.

Le capital social réalisé fournit à la réserve, établie conformément au chapitre 10, les sommes et valeurs dont elle se compose.

Le surplus, joint à la réserve particulière de la Compagnie, forme un fonds de roulement destiné comme auxiliaire pour suppléer aux débiteurs en retard dans le paiement de leurs annuités, et assurer le service régulier des obligations.

L'emploi du capital social a lieu de la manière suivante :

ÉPOQUES.	Montant du Capital social réalisé.	EMPLOI DU CAPITAL SOCIAL.	
		Somme destinée pour la réserve.	Somme destinée au fonds de roulement.
	FR. C.	FR. C.	FR. C.
1re année.	2,000,000 00	350,769 23	1,649,230 77
2e —	2,000,000 00	692,307 69	1,307,692 31
3e —	2,000,000 00	1,024,615 38	975,384 61
4e —	2,000,000 00	1,347,692 31	652,307 69
5e —	4,500,000 00	1,661,538 46	2,834,461 54
6e —	4,500,000 00	1,965,453 84	2,533,846 16
7e —	4,500,000 00	2,261,538 46	2,238,461 54
8^e —	4,500,000 00	2,547,692 31	1,952,307 69
9e —	4,500,000 00	2,824,615 38	1,675,384 62
10e —	4,500,000 00	3,092,307 69	1,407,692 31
11e —	4,500,000 00	3,350,769 23	1,149,230 76
12e —	4,500,000 00	3,600,000 00	900,000 00
13e —	4,500,000 00	3,840,000 00	660,000 00
14e —	4,500,000 00	3,840,000 00	660,000 00

S'il arrivait que les opérations fussent toutes, sans exception, conduites à leur terme de durée de treize années, cette circonstance imposerait à l'Établissement l'obligation de réaliser encore les cinq cent mille francs restant du capital social, pour compléter le fonds de roulement devenu trop faible pour l'usage auquel il est destiné, comme on va le voir par le compte des ressources de la quatorzième année.

A l'expiration de la treizième année, le fonds de roulement, fourni par le capital social, de 4,500,000 fr. réalisés, se trouve réduit à   .   .   .   .   660,000 f. » c.

A cette somme il faut ajouter :

1° La réserve particulière de la Compagnie, parvenue à cette époque, comme on le voit par le chapitre 19, à   .   .   .   752,309   58

2° Les intérêts touchés pendant l'année de ce fonds de réserve.   .   22,569   28

3° Les intérêts produits par le fonds social.   .   .   .   135,000   »

4° Les primes des opérations.   180,000   »

5° Les bénéfices réalisés pendant le cours de l'année.   .   .   268,157   04

Total des ressources.   .   .   .   2,018,035 f. 90 c.

Sur cette somme il faut prélever celle absorbée par les recouvrements en souffrance qui s'élèvent à cette époque à   .   .   .   1,245,000   »

Reste libre pour le fonds de roulement.   .   773,035 f. 90 c.

A quoi, si on ajoute les cinq cent mille francs à réaliser sur le fonds social, on arrive à peine à une somme de douze cent mille francs, somme qu'il faudrait considérer comme insuffisante, si un encaisse de cinq cent soixante-dix mille francs, provenant de l'excédant des annuités, ne venait compléter le fonds de roulement et le porter à un chiffre respectable.

Mais, si l'on adopte pour base de la durée moyenne de chaque opération le terme de dix années, comme offrant, par suite de la libération anticipée des débiteurs, l'état normal de l'Établissement, on trouve pour l'effectif des ressources destinées pour la onzième année :

1° La portion libre du capital social réalisé, s'élevant, d'après le tableau ci-dessus, à la somme de   .   .   .   .   .   1,407,692 f. 31 c.

2° La réserve particulière de la Compagnie portée à cette époque à   491,174   67

3° Et les produits de l'Établissement consistant dans :

Les intérêts de ce fonds de réserve particulière.   .   .   14,735   23

Les intérêts produits par le fonds social.   .   .   .   135,000   00

La prime des opérations de l'année.   .   .   .   180,000   80

Et les bénéfices réalisés dans le cours de l'année, s'élevant à raison de 1 fr. 90 c. p. 0[0, ainsi qu'on le voit par le chapitre 7, à   .   228,000   00

On trouve pour le montant total des ressources.   .   .   2,456,602 f. 21 c.

Déduisant de cette somme le montant des recouvrements en souffrance, qui sont à cette époque de.   885,000   00

Il reste pour fonds de roulement.   .   .   .   1,571,602 f. 21 c.

Somme évidemment suffisante pour les besoins de la onzième année, avec d'autant plus de raison que cette année doit offrir encore des excédants d'annuités s'élevant à plus de deux cent mille francs, comme on le voit par le tableau n° 1er et son complément.

Par suite de l'accroissement du fonds de réserve, les années suivantes offrent des augmentations de ressources encore supérieures.

CHAPITRE XVIII.

Négociation des Obligations.

Le fonds social réalisé n'étant pas, les premières années, d'une nécessité indispensable aux opérations de la Caisse immobilière, dans lesquelles d'ailleurs il ne trouverait aucun emploi, sera utilisé en achat d'obligations, afin de faciliter leur cours en circulation.

Le minimum de la valeur d'une obligation de 500 fr. sera fixé à 480 fr.

L'emprunteur, en négociant son obligation moyennant cette somme, se trouve avoir emprunté exactement à 5 p. 0[0 ; car pour éteindre sa dette à ce taux d'intérêt annuel, il ne lui revient bien réellement que 480 fr. pour cinquante-deux annuités trimestrielles de 12 fr. 50 c. chacune.

Ce résultat n'est pas plus onéreux pour le débiteur que s'il avait affaire à un capitaliste ordinaire, plaçant sur hypothèque au taux habituel et légal de 5 p. 0[0 ; il y trouve un avantage qu'il n'obtiendrait pas d'un capitaliste : c'est celui d'acquitter sa dette par annuités et la faculté de se libérer par anticipation du terme à sa convenance.

Quant à l'Établissement, déjà avantagé par la prime de 1 fr. 50 cent. p. 0[0 qui lui est allouée sur chaque opération, et par les bénéfices futurs qu'elle lui assure, il aurait les plus belles chances de prospérité, si les obligations lui restaient pour compte à ce prix.

Il est bien évident que les obligations ne lui resteront pas au prix de 480 fr., car la concurrence se présentera sur-le-champ pour partager le bénéfice de 20 fr. dont se trouvera ainsi bonifiée chaque obligation à l'époque de son remboursement.

Cette concurrence stimulera jusqu'aux débiteurs eux-mêmes, qui, tentés par l'appât d'une libération à bon marché, s'efforceront de les acheter au cours de circulation sur la place, pour les donner en paiement au pair à l'Établissement, comme à compte ou comme solde de leur libération anticipée.

Les obligations ayant ainsi cours de monnaie pour les débiteurs, acquerreront bientôt cette précieuse qualité dans les mains de tous les porteurs indistinctement.

Parvenues au taux du pair, elles deviendront un papier-monnaie préférable au numéraire même, parce que le numéraire, dans la main de celui qui le possède, n'a qu'une valeur stationnaire et inerte, tandis que les obligations, par l'intérêt annuel qu'elles produisent, sont une valeur qui s'accroît incessamment par la possession même.

CHAPITRE XIX.

Produits de l'Établissement.

L'Établissement qu'il s'agit de fonder doit être envisagé principalement sous le point de vue de son utilité générale, résultant de la nature de ses opérations.

A l'égard des avantanges particuliers que doit en attendre l'association chargée de l'administrer, ils sont de deux natures essentiellement distinctes et séparées ;

Les uns sont des produits certains et positifs qui peuvent être facilement et exactement déterminés à l'avance ;

Les autres sont des produits éventuels et variables, et que pour cette raison on ne fera qu'indiquer, sans les déterminer d'une manière précise.

§ 1er. — Produits certains.

Les produits certains et positifs assurés à l'établissement, consistent d'abord dans la remise qui lui est allouée sur chaque opération, et en second lieu dans les bénéfices résultant de la plus-value des annuités.

Pour établir le compte de ces produits, il est nécessaire d'envisager les charges qui greveront l'Établissement ; ces charges sont :

1° Les frais d'administration, qu'on peut évaluer approximativement à soixante mille francs par an, dans la supposition d'un million de francs d'opération, effectuées par mois somme qui augmenterait avec l'augmentation du chiffre des opérations.

2° Les pertes résultant des sinistres, établies par le chapitre 12 ;

3° Et les sacrifices d'intérêts en raison des sommes plus ou moins improductives, prises à même le fonds social pour fournir à la réserve, soit la portion en rentes 3 p. 0|0 sur l'État, soit la portion en numéraire complètement improductive.

Mais, d'un autre côté, la portion du fonds social consacrée à l'acquit des annuités, pour le compte des débiteurs en retard, produira 5 p. 0|0 d'intérêt, comme il est dit au chapitre II.

En conséquence, compensation faite des différences d'intérêt à 5, en ce qui touche les avances faites pour les débiteurs en retard, à 4, pour la portion momentanément employée en achat d'obligations de la Caisse, à 3 p. 0|0, en ce qui concerne la portion affectée aux rentes sur l'État, fournies à la réserve, et à zéro pour la portion fournie en numéraire, également à cette réserve, le produit annuel du fonds social ainsi employé, est fixe en moyenne à 3 p. 0|0, et entrera pour cette somme dans les comptes annuels qui vont suivre :

PREMIÈRE ANNÉE.

Actif.

1° Primes des opérations.	180,000 f. 00 c.	
2° Intérêt produti par le fonds social réalisé.	60,000	00
Total de l'Actif. . .	240,000 f. 00 c.	

Passif à déduire.

1° Frais d'administration. 60,000 f. ⎫ 2° Insolvabilités. . . . 1,125 ⎬	61,125	00
Actif net. . . .	178,875	00
Dividende à distribuer aux actionnaires (5 p. 0[0).	100,000	00
Reste pour être affecté à un fonds de réserve particulière de la Compagnie. .	78,875 f. 00 c.	

DEUXIÈME ANNÉE.

Actif.

1. Fonds de réserve.	78,875 f. 00 c.	
2° Un an d'intérêts (à 3 p. 0[0). .	2,366	25
3° Primes des opérations.	180,000	00
4° Intérêts produits par le fonds social.	60,000	00
Total de l'Actif. . .	321,241 f. 25 c.	

Passif.

1° Frais d'anministration. 60,000 f. ⎫ 2° Insolvabilités. . . . 4,125 ⎬	64.125	00
Actif net. . . .	257,116	25
Dividende à distribuer aux actionnaires..	100,000	00
Reste comme fonds de réserve. . .	157,116 f. 25 c.	

TROISIÈME ANNÉE.

Actif.

1° Fonds de réserve.	157,116 f. 25 c.	
2° Intérêts de cette somme. . . .	4,713	48
3° Intérêts produits par le fonds social.	60,000	00
4° Primes des opérations.	180,000	00
Total de l'Actif. . .	401,829 f. 73 c.	

Report. . . . . 401,829 f. 73 c.

Passif.

1° Frais d'administration. 60,000 f. ⎫ 2° Insolvabilités . . . 7,125 ⎬	67,125	00
Actif net. . . .	334,704	73
Dividende à distribuer aux actionnaires (5 p. 0[0)..	100,000	00
Reste comme fonds de réserve.	234,704 f. 73 c.	

QUATRIÈME ANNÉE.

Actif.

1° Fonds de réserve..	234,704 f. 73 c.	
2° Intérêts de cette somme. . . .	6,041	14
3° Intérêts produits par le fonds soc¹.	60,000	00
4° Primes des opérations.	180,000	00
Total de l'Actif. . .	480,745 f. 87 c.	

Passif.

1° Frais d'administration. 60,000 f. ⎫ 2° Insolvabilités. . . . 10,125 ⎬	70,125	00
Actif net. . . .	410,620	87
Dividende aux actionnnaires. . . .	100,000	00
Reste comme fonds de réserve.	310,620 f. 87 c.	

CINQUIÈME ANNÉE.

Actif.

1° Fonds de réserve..	310,620 f. 87 c.	
2° Intérêts de cette somme. . . .	9,318	62
3° Intérêts produits par le fonds soc¹.	60,000	00
4° Primes des opérations.	180,000	00
Total de l'Actif. . .	559,739 f. 49 c.	

Passif.

1° Frais d'administration 60,000 f. ⎫ 2° Insolvabilités. . . . 13,125 ⎬	73,125	00
Reste comme actif net. . . .	486,814	49
Dividende aux actionnnaires. . . .	100,000	00
Reste comme fonds de réserve.	386,814 f. 49 c.	

SIXIÈME ANNÉE.
Actif.

1° Fonds de réserve. . . . . . . 386,814 f. 49 c.
2° Intérêts de cette somme. . . . 11,604 43
3° Intérêts produits par le fonds social
réalisé à 4,500,000 fr. 135,000 00
4° Primes des opérations. 180,000 00

Total de l'Actif. . . 713,418 f. 92 c.

Passif.

1° Frais d'administration. 60,000 f. }
2° Insolvabilités. . . . 16,125 } 76,125 00

Actif net. . . . 637,293 92
Dividende à distribuer aux actionnaires. 225,000 00

Restes comme fonds de réserve. 412,293 f. 92 c.

SEPTIÈME ANNÉE.
Actif.

1° Fonds de réserve. . . . . . . 412,293 f. 92 c.
2° Intérêts de cette somme. . . . 12,368 81
3° Intérêts produits par le fonds social. 135,000 00
4° Primes des opérations. 180,000 00

Total de l'Actif. . . 739,662 f. 73 c.

Passif.

1° Frais d'administration. 60,000 f. }
2° Insolvabilités. . . . 19,125 } 79,125 00

Actif net. . . . 660,537 73
Dividende aux actionnaires. . . . 225,000 00

Reste comme fonds de réserve. 435,537 f. 73 c.

HUITIÈME ANNÉE.
Actif.

1° Fonds de réserve. . . . . . . 435,537 f. 73 c.
2° Intérêts de cette somme. . . . 13,066 13
3° Intérêts produits par le fonds social. 135,000 00
4° Primes des opérations. 180,000 00

Total de l'Actif . . 763,603 f. 86 c.

Passif.

1° Frais d'administration. 60,000 f. }
2° Insolvabilités. . . . 22,125 (82,125 00

Actif net, à reporter. 681,478 86

Report. . . . . . 681,478 f. 86 c.
Dividende aux actionnaires. . . . 225,000 00

Reste comme fonds de réserve. 456,478 f. 86 c.

NEUVIÈME ANNÉE.
Actif.

1° Fonds de réserve. . . . . . . 456,478 f. 86 c.
2° Intérêts de cette somme. . . . 13,694 30
3° Intérêts produits par le fonds social. 135,000 00
4° Primes des opérations. 180,000 00

Total. . . . 785,173 f. 21 c.

Passif.

1° Frais d'administration. 60,000 f. }
2° Insolvabilités. . . . 25,125 (85,125 00

Actif net. . . . 700,048 22
Dividende aux actionnaires. . . . 225,000 00

Reste comme fonds de réserve. 475,048 f. 22 c.

DIXIÈME ANNÉE.
Actif.

1° Fonds de réserve. . . . . . . 475,048 f. 22 c.
2° Intérêts de cette somme. . . . 14,251 45
3° Intérêts produits par le fonds social. 135,000 00
4° Primes des opérations. 180,000 00

Total de l'Actif. . . 804,299 f. 67 c.

Passif.

1° Frais d'administration. 60,000 f. }
2° Insolvabilités. . . . 28,125 (88,125 00

Actif net. . . 716,174 f. 67 c.
Dividende aux actionnaires. . . . 225,000 00

Reste comme fonds de réserve. 491,174 f. 67 c.

ONZIÈME ANNÉE.
Actif.

1° Fonds de réserve. . . . . . . 491,174 f. 67 c.
2° Intérêts de ce fonds. 14,735 23
3° Intérêts produits par le fonds social. 135,000 00

A reporter. . . . . 640,909 f. 90 c.

Report . . . . 640,909 f. 90 c.
4° Primes des opérations. 180,000 00

Total de l'Actif. . . 820,909 f. 90 c.

Passif.

1° Frais d'administration. 60,000 f. ⎱
2° Insolvabilités. . . . 31,125 ⎰ 91,125 00

Actif net. . . 729,784 f. 90 c.
Dividende aux actionnaires. . . . 225,000 00

Reste comme fonds de réserve. 504,784 f. 90 c.

DOUZIÈME ANNÉE.

Actif.

1° Fonds de réserve. . . . . . . 504,784 f. 90 c.
2° Intérêts de ce fonds. 15,143 54
3° Intérêts produits par le fonds social. 135,000 00
4° Primes des opérations. 180,000 00

Total de l'Actif. . . 834,928 f. 44 c.

Passif.

1° Frais d'administration. 60,000 f. ⎱
2° Insolvabilités. . . . 34,125 ⎰ 94,125 00

Actif net. . . 740,803 f. 44 c.
Dividende à distribuer aux actionnaires. 225,000 00

Reste comme fonds de réserve. 515,803 f. 44 c.

TREIZIÈME ANNÉE.

Actif.

1° Fonds de réserve. . . . . . . 515,803 f. 44 c.
2° Intérêts de ce fonds. 15,474 10
3° Intérêts produits par le fonds social. 135,000 00
4° Primes des opérations. 180,000 00
5° Bénéfices réalisés sur les opérations
   de la première année, arrivées à leur
   terme. 268,157 04

Total de l'Actif. . . . 1,114,434 f. 58 c.

Passif.

1° Frais d'administration portés à cette

A reporter. . . . 1,114,434 f. 58 c.

Report. . . . . 1,114,434 f. 58 c.
époque à . . . . . 100,000 f. ⎱
2° Insolvabilités. . . . 57,125 ⎰ 137,125 00

Actif net. . . 977,309 f. 58 c.
Dividende aux actionnaires. . . . 225,000 00

Reste comme fonds de réserve. 752,309 f. 58 c.

QUATORZIÈME ANNÉE.

Actif.

1° Fonds de réserve. . . . . . . 752,309 f. 58 c.
2° Intérêts de ce fonds 22,569 28
3° Intérêts produits par le fonds social. 135,000 00
4° Primes des opérations. 180,000 00
5° Bénéfices réalisés sur les opérations
   de la deuxième année arrivées à leur
   terme. 268,157 04

Total de l'Actif. . . 1,358,035 f. 90 c.

Passif.

1° Frais d'administration. 100,000 f ⎱
2° Insolvabilités. . . . 39,000 ⎰ 139,000 00

Actif net. . . 1,219,035 f. 90 c.
Dividende aux actionnaires. . . . 219,035 90

Reste comme fonds de réserve. 1,000,000 f. 00 c.

QUINZIÈME ANNÉE.

Actif.

1° Intérêts du fonds social. . . . 50,000 f. 00 c.
2° Intérêts produits par le fonds social. 135,000 00
3° Primes des opérations. 180,000 00
4° Bénéfices réalisés sur les opérations
   de la troisième année arrivées à leur
   terme. 268,157 04

Total de l'Actif. . . 613,157 f. 04 c.

Passif.

1° Frais d'administration. 100,000 f. ⎱
2° Insolvabilités. . . . . 39,000 ⎰ 139,000 00

Reste comme dividende. . . . 474,157 f. 04 c.

Les années suivantes doivent toutes présenter un résultat identique à celui de la quinzième année, parce que la réserve étant arrivée à son complet d'un million de francs, il n'y a plus aucun prélèvement à faire sur l'Actif net qui revient tout entier comme dividende aux actionnaires.

Le produit de l'Établissement ne doit plus varier, puisque chaque année les recettes comme les dépenses seront invariablement les mêmes, dans la supposition d'un million de francs d'opérations par mois.

Tel est le résultat des opérations conduites à leur terme de durée de treize années.

Mais, en portant à dix années en moyenne le terme de durée ordinaire des opérations, l'Établissement, après que la réserve d'un million de francs sera parvenue à son complet, offrira chaque année le résultat suivant :

Actif.

1° Intérêts de la réserve.	30,000 f. 00 c.
2° Intérêts produits par le fonds social.	60,000 00
3° Primes des opérations.	180,000 00
4° Bénéfices réalisés sur les opérations arrivées à leur terme de durée de dix années, à raison de 1 fr. 90 c. p. 0|0. . . .	228,000 00
Total du produit brut. . .	573,000 f. 00 c.
Insolvabilités et frais d'administration à déduire. . .	139,000 00
Reste pour produit net à distribuer comme dividende aux actionnaires (ou près de 10 p. 0|0).	434,000 f. 00 c.

En admettant la fixation à dix années comme terme moyen de la libération des débiteurs, le produit net annuel de l'Établissement serait donc réduit à 434 mille francs ; mais il ne faut pas perdre de vue :

1° Que le bénéfice acquis à l'Établissement est proportionnel à la durée du terme anticipé ;

2° Que les sommes en rentes sur l'État et en numéraire, à fournir à la réserve, ne présentent point un chiffre aussi élevé, à beaucoup près, qu'il le serait si les opérations étaient toutes conduites à leur terme de durée de treize années, ce qui allége considérablement les charges imposées à l'Établissement ;

3° Enfin, que le terme pendant lequel la portion en numéraire de la réserve demeure complètement improductive, se trouve aussi abrégé de trois années.

D'où il suit que le dividende en apparence affaibli par l'effet de la libération anticipée, en éprouve au contraire en réalité une augmentation sensible, d'abord par le produit de la réserve rendue libre avant le terme fixe, et en second lieu, par le surcroît de puissance que la libération anticipée procure au fonds social, en lui permettant de s'appliquer à un chiffre plus élevé d'opérations.

§ II. — Produits éventuels.

Indépendamment des produits certains et positifs, auxquels est consacré le § précédent, plusieurs sources de produits éventuels sont assurées à l'Établissement; on va en indiquer ici les principales.

PREMIÈRE SOURCE DE PRODUITS. — Surcroît d'intérêts du fonds social.

Dans le compte qui précède, applicable seulement aux produits certains, les intérêts du fonds social ont été portés à 3 p. 0[0.

Ces intérêts seront évidemment plus élevés; il suffit, pour s'en convaincre, d'envisager l'emploi destiné au fonds social réalisé.

On prend pour exemple la sixième année; le fonds social composé de 4,500,000 est ainsi employé :

1° 1,310,769 fr. 23 cent. placés en rentes (3 p. 0[0) sur l'État, sont affectés à la réserve maintenue toujours disponible pour assurer la régularité du service des obligations.

Cette somme au cours actuel du 3 p. 0[0, rapportera environ 3 1[4 p. 0[0, ou 49,138 fr. 46 cent., ci. . . . . 49,138 f. 46 c.

2° 655,384 fr. 61 c. forment la portion en numéraire de cette réserve, et sont complètement improductifs, ci. . . (Mémoire). » »

3° 405,000 fr. représentent la somme alors employée pour suppléer aux débiteurs en retard; ils produisent 5 p. 0[0 d'intérêt, conformément au second § du chapitre II, ci. 20,250 00

4° Enfin, les 2,128,846 fr. 16 c. restant comme fonds de roulement, sont employés en achat d'obligations rendues à la circulation au fur et à mesure de besoins; ils produisent 4 p. 0[0 ci. . . 85,153 84

Montant du produit du fonds social, la 6e année. 154,542 f. 30 c.

Ce produit n'a été porté en ligne de compte à l'Actif de la sixième année que pour 135,000 00

Partant il en résultera un excédant de produits de . . 19,542 f. 30 c.

DEUXIÈME SOURCE DE PRODUITS. — Intérêts de la réserve particulière de la Compagnie.

La réserve particulière de la Compagnie s'élève à la sixième année comme on l'a vu par le compte de cette année, à 491,174 fr. 67 cent.

C'est en achat d'obligations que doit être employée cette réserve; elle rapportera donc 4 p. 0[0 ou . . . . . 19,646 f. 98 c.

Elle n'est entrée en ligne de compte à 3 p. 0[0 que pour . 14,735 23

Partant, il y aura un excédant de produit de . . . 4,911 f. 75 c.

 — Emploi de l'excédant des annuités.

L'excédant des annuités dans les années où il se manifeste , est employé en achat d'obligations, qui sont ensuite rendues à la circulation , pour combler les insuffisances lorsqu'elles se manifestent à leur tour.

L'intérêt de cet excédant a été calculé dans le complément du tableau n° 1ᵉʳ, à 4 p. 0[0.

Il est bien évident que toutes les fois que le cours des obligations n'atteindra pas le taux du pair, l'intérêt dépassera 4 p. 0[0.

Que l'on suppose en effet le cours habituel des obligations de 500 fr. à 495 fr., il en résultera que l'intérêt, au lieu d'être de 4 p. 0[0, sera réellement de 4 fr. 04 cent. p. 0[0.

Cet excédant de produit offrira un surcroît de bénéfice assez important dans les années où les excédants d'annuités deviennent considérables.

QUATRIÈME SOURCE DE PRODUITS résultant de la libération anticipée effectuée en numéraire.

Les sommes reçues en numéraire à titre de libération anticipée, donneront lieu à un léger bénéfice pour l'Etablissement, toutes les fois que le cours des obligations n'atteindra pas le taux du pair.

CINQUIÈME SOURCE DE PRODUITS.

On a vu par le chapitre VI que les annuités conservent invariablement la même valeur pendant un mois entier.

S'il arrive que le débiteur se libère comme il en a le droit, le dernier jour de ce mois, il n'en résulte absolument aucun bénéfice pour l'Établissement.

Mais s'il se libère avant l'expiration du mois, l'Établissement profite d'une bonification d'intérêt pendant le temps qui reste à écouler du mois.

SIXIÈME SOURCE DE PRODUITS.—Surcroît de puissance attribué au fonds social par la libération anticipée.

Le fonds social de 5,000,000 de francs est destiné à satisfaire aux exigences d'un million de francs d'opérations par mois, conduites à leur terme de durée de treize années.

Toutes les fois qu'il y aura libération anticipée de la part des débiteurs, cette circonstance procurera au fonds social un surcroît de puissance, et partant une augmentation de produits d'autant plus considérable, que cette augmentation, n'entraînant pas un surcroît sensible de frais d'administration, profitera, presque toute entière, comme bénéfice net à l'Établissement.

Ces résultats sont satisfaisants : non-seulement ils garantissent le succès de l'Établissement, mais ils lui assurent encore des éléments de prospérité toujours croissante pour son avenir.

CHAPITRE XX ET DERNIER.

RÉSUMÉ.

L'Établissement qu'il s'agit de fonder, considéré sous le point de vue de son utilité générale, a principalement pour but d'appeler l'Agriculture à participer, dans une proportion plus large et plus en rapport avec ses besoins, aux avantages que les capitaux procurent à toutes les industries.

Pour obtenir ce résultat, il fallait, par une équitable réciprocité d'avantages, assurer aux capitaux eux-mêmes une circulation plus facile et plus étendue, en élargissant les voies qui leur sont ouvertes pour se répandre sur l'agriculture.

Partout où ils deviennent nécessaires, les capitaux ne manquent jamais de se produire ; mais ils réclament impérieusement une condition essentielle de sécurité sans laquelle on tenterait en vain de les obtenir.

L'Établissement satisfait à cette condition de la manière la plus complète et la plus absolue : car les placements opérés par son entremise, garantis d'abord par une hypothèque spéciale sur des immeubles d'une valeur supérieure à la dette, et doublement assurés encore, en premier lieu par la responsabilité réelle et cautionnée du syndicat de première garantie qui a présidé à l'opération, et en second lieu par une Société anonyme opérant en qualité de Compagnie d'assurance avec un capital réalisé, suffisant pour faire face à toutes les éventualités, ont acquis le degré de sécurité le plus élevé qu'un capitaliste, quelque craintif qu'il soit, puisse raisonnablement désirer.

L'intérêt annuel des capitaux, encore bien qu'il soit fixé invariablement au taux de 4 p. 0[0 par an, dépendra néanmoins du prix du numéraire résultant de son abondance ou de sa rareté, puisqu'il est subordonné à l'élévation du cours des obligations en circulation, et ce n'est que lorsque ce cours parvient au pair et porte les obligations à une valeur égale à leur valeur nominale, que le taux de l'intérêt est exactement de 4 p. 0[0.

Le placement d'un capital en obligations de la Caisse, alors qu'il est constant que ces obligations remplissent pleinement la condition essentielle de sécurité, s'assimilera naturellement à la propriété même des immeubles ; il en réunira tous les avantages.

On peut donc raisonnablement espérer que les obligations, si elles ne dépassent point le cours du pair, l'atteindront sans peine ; car, outre la facilité d'une prompte négociation, elles offriront encore dans leur produit un avantage de 1 p. 0[0 au moins, supérieur au produit des immeubles qui ne s'afferment habituellement que 2 1[2 ou 3 p. 0[0 au plus de leur valeur vénale.

Ces avantages, précieux, incontestables, ne peuvent manquer d'être appréciés par les capitalistes qui rechercheront, dans leurs opérations, l'intermédiaire si utile et si rassurant pour eux de la Caisse immobilière.

Quant aux débiteurs, ils se porteront toujours de préférence vers un établissement qui n'exige d'eux qu'un intérêt modéré, et leur accorde pour leur libération les facilités les plus étendues.

Après la sécurité des placements, il reste une chose non moins essentielle à constater avec soin, c'est la sécurité du service de la Caisse, et la possibilité pour l'Établissement de faire face en tout temps avec exactitude et ponctualité au paiement des intérêts des obligations, et à leur remboursement annuel par treizième.

Il ne peut s'élever aucun doute à cet égard.

Que l'on prenne, en effet, l'Établissement parvenu à sa dixième année, c'est-à-dire à l'époque où ses charges annuelles sont arrivées à leur maximum, eu égard à la libération anticipée des débiteurs, comme cela est expliqué au chapitre xvii.

Les ressources destinées pour faire face aux obligations se composent ainsi :

1° Produit des annuités à recevoir pendant les 12 mois de l'année.   11,250,000 f. 00 c.

2° Portion libre de fonds social de l'Établissement, affectée à cette époque au fonds de roulement.   1,407,692   31

3° Réserve particulière de la Compagnie qui doit atteindre le chiffre d'un million de francs, mais qui, à cette époque, n'est encore arrivée qu'à la somme de   491,174   67

4° Intérêts de ce fonds de réserve.   14,735   23

5° Intérêts produits par le fonds social.   135,000   00

6° Primes des opérations de l'année.   180,000   00

7° Bénéfices des opérations arrivées à leur terme pendant le cours de l'année.   228,000   00

Montant total des ressources de l'année. . .   13,706,602   21

Somme à payer pour les intérêts et le remboursement par treizième des obligations pendant les mois de l'année (Tabl. n° 1ᵉʳ). . .   11,298,461   52

Partant, les ressources offrent un excédant de   2,408,140   69

Si l'on veut bien remarquer que cet excédant considérable est complètement indépendant des 3,092,307 fr. 69 cent., tant en numéraire qu'en rentes sur l'État, conservés en dépôt, toujours disponible dans une caisse particulière, et destinés uniquement pour assurer la régularité du service des obligations, on sera aisément convaincu que ce service n'est exposé à aucune interruption.

D'un autre côté, c'est à la dixième année que se montre le minimum des excédants de ressources tel qu'on vient de l'établir; car, les années précédentes, cet excédant est plus élevé, et les années suivantes il éprouve une augmentation, en premier lieu par les excédants d'annuités qui se manifestent et dépassent le chiffre de deux cent mille francs dès la douzième année; et en second lieu, par l'augmentation du fonds de réserve particulière de la

Compagnie qui n'est, à la dixième année, que de 491,174 fr. 67 cent., mais qui parvient à son complément d'un million de francs dès la quatorzième année, comme on l'a vu par le chapitre xix.

Le service des obligations comme la garantie des capitaux repose donc sur des bases solides.

Il reste une dernière et importante considération à envisager, c'est le mérite de l'Établissement, relativement aux avantages que la Compagnie chargée de la gestion des opérations est appelée à en recueillir.

On a vu, par le chapitre xix, que le dividende revenant aux actionnaires sera de 5 p. 0[0 par an, pendant les quatorze premières années, et de 10 p. 0[0 par an pendant les années suivantes.

Mais si l'on veut bien considérer attentivement que pour établir ce produit, on s'est borné aux seuls excédants d'annuités, sans faire entrer en ligne de compte ni le surcroît de bénéfices dus à un plus grand nombre d'opérations que la libération anticipée permettrait d'appliquer au capital social sans lui faire subir d'augmentation, ni les bonifications qui profiteront au capital social et aux excédants d'annuités pendant le temps de leur emploi en achat d'obligations dans les circonstances où leur cours n'atteindrait pas le taux du pair, ni les bénéfices que procurera à l'Établissement dans les mêmes circonstances la libération anticipée des débiteurs, lorsqu'elle s'effectuera en numéraire, ce qui aura lieu forcément toutes les fois que la somme remboursée par anticipation sera inférieure au montant d'une obligation, ni enfin une foule de produits éventuels résultant de la plus-value des intérêts du fonds de roulement qu'on n'a porté qu'à 3 p. 0[0, tandis que ces intérêts doivent être évidemment plus élevés, on restera convaincu que les produits de l'Établissement, dépasseront le taux fixé à son minimum par le chapitre xix.

L'Établissement offrira donc à la Compagnie financière chargée de l'administrer des bénéfices avantageux de nature à satisfaire aux espérances légitimes d'une association modérée dans ses désirs, utile et honorable dans son but.

Tableau n° 1er.

CAISSE

TABLEAU présentant à toutes les époques le montant des opérations engagées, des annuités à recevoir, obligations et l'excédant final des annuités revenant comme

ÉPOQUES.		OPÉRATIONS ENGAGÉES.		SOMME	
		Principal de la dette créé par les débiteurs, en annuités ; par la Caisse, en obligatⁱ.	Montant des obligations en circulation, remboursements déduits.	en caisse, provenant de l'excédant des annuités.	à fournir pour suppléer à l'insuffisance des annuités.
		F. C.	F. C.	F. C.	
1ʳᵉ ANNÉE.	Janvier.	1,000,000 00	1,000,000 00	» »	» »
	Février.	2,000,000 00	2,000,000 00	» »	» »
	Mars.	3,000,000 00	3,000,000 00	» »	» »
	Avril.	4,000,000 00	4,000,000 00	25,000 00	» »
	Mai.	5,000,000 00	5,000,000 00	50,000 00	» »
	Juin.	6,000,000 00	6,000,000 00	75,000 00	» »
	Juillet.	7,000,000 00	7,000,000 00	125,000 00	» »
	Août.	8,000,000 00	8,000,000 00	175,000 00	» »
	Septembre. . . .	9,000,000 00	9,000,000 00	225,000 00	» »
	Octobre. . . .	10,000,000 00	10,000,000 00	300,000 00	» »
	Novembre. . . .	11,000,000 00	11,000,000 00	375,000 00	» »
	Décembre. . . .	12,000,000 00	12,000,000 00	450,000 00	» »
2ᵉ ANNÉE.	Janvier.	13,000,000 00	12,923,076 92	433,076 92	» »
	Février.	14,000,000 00	13,846,153 84	416,153 84	» »
	Mars.	15,000,000 00	14,769,230 76	399,230 76	» »
	Avril.	16,000,000 00	15,692,307 69	407,307 69	» »
	Mai.	17,000,000 00	16,615,384 61	415,384 61	» »
	Juin.	18,000,000 00	17,538,461 53	423,461 53	» »
	Juillet.	19,000,000 00	18,461,538 46	456,538 46	» »
	Août.	20,000,000 00	29,384,615 38	489,615 38	» »
	Septembre. . . .	21,000,000 00	20,307,692 30	522,692 30	» »
	Octobre. . . .	22,000,000 00	21,230,769 23	580,769 23	» »
	Novembre. . . .	23,000,000 00	22,153,846 15	638,846 15	» »
	Décembre. . . .	24,000,000 00	23,076,923 07	696,923 07	» »
3ᵉ ANNÉE.	Janvier.	25,000,000 00	23,923,076 92	666,153 85	» »
	Février.	26,000,000 00	24,769,230 76	635,384 61	» »
	Mars.	27,000,000 00	25,615,384 61	694,615 38	» »
	Avril.	28,000,000 00	26,461,538 46	598,846 15	» »
	Mai.	29,000,000 00	27,307,692 30	593,076 92	» »
	Juin.	30,000,000 00	28,153,846 15	587,307 76	» »
	Juillet.	31,000,000 00	29,000,000 00	606,538 46	» »
	Août.	32,000,000 00	29,846,153 84	625,769 23	» »
	Septembre. . . .	33,000,000 00	30,692,307 69	645,000 00	» »
	Octobre. . . .	34,000,000 00	31,538,461 53	639,230 77	» »
	Novembre. . . .	35,000,000 00	32,384,615 38	733,461 53	» »
	Décembre. . . .	36,000,000 00	33,230,769 23	777,692 30	» »

MOBILIÈRE.

obligations à payer, l'excédant ou l'insuffisance momentanée des annuités pour faire face aux
éfice à l'Établissement, après l'extinction des obligations.

Échéances des annuités à recevoir et des obligations à payer.	Montant des annuités à recevoir.	MONTANT DES OBLIGATIONS A PAYER.			Excédant momentané des annuités.	Insuffisance momentanée des annuités.	Excédant final des annuités ou bénéfices réalisés.
		Intérêts.	Remboursement de treizième.	Total.			
1re ANNÉE							
Janvier	» »	» »	» »	» »	» 00	» »	» »
Février	» »	» »	» »	» »	» 00	» »	» »
Mars	» »	» »	» »	» »	» 00	» »	» »
Avril	25,000 00	» »	» »	» »	25,000 00	» »	» »
Mai	25,000 00	» »	» »	» »	25,000 00	» »	» »
Juin	25,000 00	» »	» »	» »	25,000 00	» »	» »
Juillet	50,000 00	» »	» »	» »	50,000 00	» »	» »
Août	50,000 00	» »	» »	» »	50,000 00	» »	» »
Septemb	50,000 00	» »	» »	» »	50,080 00	» »	» »
Octobre	75,000 00	» »	» »	» »	75,000 00	» »	» »
Novemb	75,000 00	» »	» »	» »	75,000 00	» »	» »
Décemb	75,000 00	» »	» »	» »	75,000 00	» »	» »
2e ANNÉE							
Janvier	100,000 00	40,000 00	76,923 08	116,923 08	» »	16,923 08	» »
Février	100,000 00	40,000 00	76,923 08	116,923 08	» »	16,923 08	» »
Mars	100,000 00	40,000 00	76,923 08	116.923 08	» »	16,923 08	» »
Avril	125,000 00	40,000 00	76,923 08	116,923 08	8,076 92	» »	» »
Mai	125,000 00	40,000 00	76,923 08	116,923 08	8,076 92	» »	» »
Juin	125,000 00	40,000 00	76,923 08	116,923 08	8,076 92	» »	» »
Juillet	150,000 00	40,000 00	76,923 00	116,923 08	33,076 92	» »	» »
Août	150,000 00	40,000 00	76,923 08	116,923 08	33,076 92	» »	» »
Septemb	150,000 00	40,000 00	76,923 08	116,923 08	33,076 92	» »	» »
Octobre	175,000 00	40,000 00	76,923 08	116,923 08	58,076 92	» »	» »
Novemb	175,000 00	40,000 00	76,923 08	116,923 08	58,076 92	» »	» »
Décemb	175,000 00	40,000 00	76,923 08	116,923 08	58,076 92	» »	» »
3e ANNÉE							
Janvier	200,000 00	76,923 08	153,846 15	230,769 23	» »	30,769 23	» »
Février	200,000 00	76,923 08	153,846 15	230,769 23	» »	30,769 23	» »
Mars	200,000 00	76,923 08	153,846 15	230,769 23	» »	30,769 23	» »
Avril	225,000 00	76,923 08	153,846 15	230,769 23	» »	5,769 23	» »
Mai	225,000 00	76,923 08	153,846 15	230,769 23	» »	5,769 23	» »
Juin	225,000 00	76,923 08	153,846 15	230,769 23	» »	5,769 23	» »
Juillet	250,000 00	76,923 08	153,846 15	230,769 23	19,230 77	» »	» »
Août	250,000 00	76,923 08	153,846 15	230,769 23	19,230 77	» »	» »
Septemb	250,000 00	76,923 08	153,846 15	230,769 23	19,230 77	» »	» »
Octobre	275,000 00	76,923 08	153,846 15	230,769 23	44,230 77	» »	» »
Novemb	275,000 00	76,923 08	153,846 15	230,769 23	44,230 77	» »	» »
Décemb	275,000 00	76,923 08	153,846 15	230,769 23	44,230 77	» »	» »

ÉPOQUES.	OPÉRATIONS ENGAGÉES.		SOMME	
	Principal de la dette créé par les débiteurs, en annuités ; par la Caisse, en obligat'.	Montant des obligations en circulation, remboursements déduits.	en caisse, provenant de l'excédant des annuités.	à fournir pour suppléer à l'insuffisance des annuités.
	F. C.	F. C.	F. C.	
4ᵉ ANNÉE. Janvier....	37,000,000 00	34,000,000 00	736,153 85	» »
Février....	38,000,000 00	34,769,230 77	694,615 38	» »
Mars.....	39,000,000 00	35,538,461 54	653,076 92	» »
Avril.....	40,000,000 00	36,307,692 31	636,538 46	» »
Mai......	41,000,000 00	37,076,923 08	620,000 00	» »
Juin.....	42,000,000 00	37,846,153 84	603,461 53	» »
Juillet....	43,000,000 00	38,615,384 61	611,923 08	» »
Août.....	44,000,000 00	39,384,615 38	620,384 61	» »
Septembre....	45,000,000 00	40,153,846 15	628,846 15	» »
Octobre....	46,000,000 00	40,923,076 92	662,307 69	» »
Novembre....	47,000,000 00	41,692,307 69	695,769 23	» »
Décembre....	48,000,000 00	42,461,538 46	729,230 77	» »
5ᵉ ANNÉE. Janvier....	49,000,000 00	43,153,846 15	680,000 00	» »
Février....	50,000,000 00	43,846,153 84	630,769 23	» »
Mars.....	51,000,000 00	44,538,461 53	581,538 46	» »
Avril.....	52,000,000 00	45,230,769 23	557,307 69	» »
Mai......	53,000,000 00	45,923,076 92	533,076 92	» »
Juin.....	54,000,000 00	46,615,384 61	508,846 15	» »
Juillet....	55,000,000 00	47,307,692 30	509,615 38	» »
Août.....	56,000,000 00	48,000,000 00	510,384 61	» »
Septembre....	57,000,000 00	48,692,307 69	511,153 85	» »
Octobre....	58,000,000 00	49,384,615 38	536,923 07	» »
Novembre....	59,000,000 00	50,076,923 08	562,692 30	» »
Décembre....	60,000,000 00	50,769,230 77	588,461 53	» »
6ᵉ ANNÉE. Janvier....	61,000,000 00	51,384,615 38	534,615 37	» »
Février....	62,000,000 00	52,000,000 00	480,769 23	» »
Mars.....	63,000,000 00	52,615,384 61	426,923 07	» »
Avril.....	64,000,000 00	53,230,769 23	398,076 92	» »
Mai......	65,000,000 00	53,846,153 84	369,230 77	» »
Juin.....	66,000,000 00	54,461,538 46	340,384 61	» »
Juillet....	67,000,000 00	55,076,923 08	336,538 46	» »
Août.....	68,000,000 00	55,692,307 70	332,692 30	» »
Septembre....	69,000,000 00	56,307,692 30	328,846 15	» »
Octobre....	70,000,000 00	56,923,076 92	350,000 00	» »
Novembre....	71,000,000 00	57,538,461 54	371,153 85	» »
Décembre....	72,000,000 00	58,153,846 15	392,307 69	» »
7ᵉ ANNÉE. Janvier....	73,000,000 00	58,692,307 69	336,923 08	» »
Février....	74,000,000 00	59,230,769 23	281,538 46	» »
Mars.....	75,000,000 00	59,769,230 77	226,153 85	» »
Avril.....	76,000,000 00	60,307,692 30	195,769 23	» »
Mai......	77,000,000 00	60,846,153 84	165,384 61	» »
Juin.....	78,000,000 00	61,384,615 38	135,000 00	» »
Juillet....	79,000,000 00	61,923,076 92	129,615 38	» »
Août.....	80,000,000 00	62,461,538 46	124,230 76	» »
Septembre....	81,000,000 00	63,000,000 00	118,846 15	» »
Octobre....	82,000,000 00	63,538,461 54	128,461 53	» »
Novembre....	83,000,000 00	64,076,923 08	158,076 92	» »
Décembre....	84,000,000 00	64,615,384 62	177,692 30	» »

Échéances des annuités à recevoir et des obligations à payer.	Montant des annuités à recevoir.	MONTANT DES OBLIGATIONS A PAYER.			Excédant momentané des annuités.	Insuffisance momentanée des annuités.	Excédant final des annuités ou bénéfices réalisés.
		Intérêts.	Remboursement de treizième.	TOTAL.			
	F. C.	F. C.	F. C.	F. C.	F. C.	F. C.	F. C.
4ᵉ ANNÉE. Janvier. .	300,000 00	110,769 23	230,769 23	341,538 46	» »	41,538 46	» »
Février. .	300,000 00	110,769 23	230,769 23	341,538 46	» »	41,538 46	» »
Mars. . .	300,000 00	110,769 23	230,769 23	341,538 46	» »	41,538 46	» »
Avril. . .	325,000 00	110,769 23	230,769 23	341,538 46	» »	16,538 46	» »
Mai. . . .	325,000 00	110,769 23	230,769 23	341,538 46	» »	16,538 46	» »
Juin. . . .	325,000 00	110,769 23	230,769 23	341,538 46	» »	16,538 46	» »
Juillet. . .	350,000 00	110,769 23	230,769 23	341,538 46	8,461 54	» »	» »
Août. . .	350,000 00	110,769 23	230,769 23	341,538 46	8,461 54	» »	» »
Septemb. .	350,000 00	110,769 23	230,769 23	341,538 46	8,461 54	» »	» »
Octobre. .	375,000 00	110,769 23	230,769 23	341,538 46	33,461 54	» »	» »
Novemb. .	375,000 00	110,769 23	230,769 23	341,538 46	33,461 54	» »	» »
Décemb. .	375,000 00	110,769 23	230,769 23	341,538 46	33,461 54	» »	» »
5ᵉ ANNÉE. Janvier. .	400,000 00	141,538 46	307,692 30	449,230 77	» »	49,230 77	» »
Février. .	400,000 00	141,538 46	307,692 30	449,230 77	» »	49,230 77	» »
Mars. . .	400,000 00	141,538 46	307,692 30	449,230 77	» »	49,230 77	» »
Avril. . .	425,000 00	141,538 46	307,692 30	449,230 77	» »	24,230 77	» »
Mai. . . .	425,000 00	141,538 46	307,692 30	449,230 77	» »	24,230 77	» »
Juin. . . .	425,000 00	141,538 46	307,692 30	449,230 77	» »	24,230 77	» »
Juillet. . .	450,000 00	141,538 46	307,692 30	449,230 77	769 23	» »	» »
Août. . .	450,000 00	141,538 46	307,692 30	449,238 77	769 23	» »	» »
Septem. .	450,000 00	141,538 46	307,692 30	449,230 77	769 23	» »	» »
Octobre. .	475,000 00	141,538 46	307,692 30	449,230 77	25,769 23	» »	» »
Novemb. .	475,000 00	141,538 46	307,692 30	449,230 77	25,769 23	» »	» »
Décemb. .	475,000 00	141,538 46	307,692 30	449,230 77	25,769 23	» »	» »
6ᵉ ANNÉE. Janvier. .	500,000 00	169,230 77	384,615 38	553,846 15	» »	53,846 15	» »
Février. .	500,000 00	169,230 77	384,615 38	553,846 15	» »	53,846 15	» »
Mars. . .	500,000 00	169,230 77	384,615 38	553,846 15	» »	53,846 15	» »
Avril. . .	525,000 00	169,230 77	384,615 38	553,846 15	» »	28,846 15	» »
Mai. . . .	525,000 00	169,230 77	384,615 38	553,846 15	» »	28,846 15	» »
Juin. . . .	525,000 00	169,230 77	384,615 38	553,846 15	» »	28,846 15	» »
Juillet. . .	550,000 00	169,230 77	384,615 38	553,846 15	» »	3,846 15	» »
Août. . .	550,000 00	169,230 77	384,615 38	553,846 15	» »	3,846 15	» »
Septem. .	550,000 00	169,230 77	384,615 38	553,846 15	» »	3,846 15	» »
Octobre. .	575,000 00	169,230 77	384,615 38	553,846 15	21,153 85	» »	» »
Novemb. .	575,000 00	169,230 77	384,615 38	553,846 15	21,153 85	» »	» »
Décemb. .	575,000 00	169,230 77	384,615 38	553,846 15	21,153 85	» »	» »
7ᵉ ANNÉE. Janvier. .	600,000 00	193,846 15	461,538 46	655,384 61	» »	55,384 61	» »
Février. .	600,000 00	193,846 15	461,538 46	655,384 61	» »	55,384 61	» »
Mars. . .	600,000 00	193,846 15	461,538 46	655,384 61	» »	55,384 61	» »
Avril. . .	625,000 00	193,846 15	461,538 46	655,384 61	» »	30,384 61	» »
Mai. . . .	625,000 00	193,846 15	461,538 46	655,384 61	» »	30,384 61	» »
Juin. . . .	625,000 00	193,846 15	461,538 46	655,384 61	» »	30,384 61	» »
Juillet. . .	650,000 00	193,846 15	461,538 46	655,384 61	» »	5,384 61	» »
Août. . .	650,000 00	193,846 15	461,538 46	655,384 61	» »	5,384 61	» »
Septem. .	650,000 00	193,846 15	461,538 46	655,384 61	» »	5,384 61	» »
Octobre. .	675,000 00	193,846 15	461,538 46	655,384 61	19,615 39	» »	» »
Novemb. .	675,000 00	193,846 15	461,538 46	655,384 61	19,615 39	» »	» »
Décemb. .	675,000 00	193,846 15	461,538 46	655,384 61	19,615 39	» »	» »

ÉPOQUES.	Principal de la dette créée par les débiteurs, en annuités; par la Caisse, en obligat[s]. (F. C.)	Montant des obligations en circulation; remboursements déduits. (F. C.)	en caisse, provenant de l'excédant des annuités. (F. C.)	à fournir pour suppléer à l'insuffisance des annuités. (F. C.)
8ᵉ ANNÉE. Janvier	85,000,000 00	65,076,923 08	123,846 15	» »
Février	86,000,000 00	65,538,461 54	70,000 00	» »
Mars	87,000,000 00	66,000,000 00	46,153 85	» »
Avril	88,000,000 00	66,461,538 46	» »	12,692 32
Mai	89,000,000 00	66,923,076 92	» »	41,538 46
Juin	90,000,000 00	67,384,615 38	» »	70,384 61
Juillet	91,000,000 00	67,846,153 84	» »	74,230 77
Août	92,000,000 00	68,307,692 30	» »	78,076 92
Septembre	93,000,000 00	68,769,230 76	» »	81,923 07
Octobre	94,000,000 00	69,230,769 23	» »	60,769 23
Novembre	95,000,000 00	69,692,307 69	» »	59,615 38
Décembre	96,000,000 00	70,153,846 15	» »	18,461 52
9ᵉ ANNÉE. Janvier	97,000,000 00	70,538,461 53	» »	67,692 30
Février	98,000,000 00	70,922,076 92	» »	116,923 08
Mars	99,000,000 00	71,307,692 31	» »	166,153 85
Avril	100,000,000 00	71,692,307 70	» »	190,384 61
Mai	101,000,000 00	72,076,923 08	» »	214,615 38
Juin	102,000,000 00	72,461,538 46	» »	238,446 15
Juillet	103,000,000 00	72,846,153 84	» »	238,076 92
Août	104,000,000 00	73,230,769 23	» »	237,307 69
Septembre	105,000,000 00	73,615,384 61	» »	236,538 46
Octobre	106,000,000 00	74,000,000 00	» »	210,769 23
Novembre	107,000,000 00	74,384,615 39	» »	185,000 00
Décembre	108,000,000 00	74,769,230 76	» »	159,230 77
10ᵉ ANNÉE. Janvier	109,000,000 00	75,076,923 08	» »	200,769 23
Février	110,000,000 00	75,384,615 38	» »	242,307 69
Mars	111,000,000 00	75,692,307 69	» »	283,846 15
Avril	112,000,000 00	76,000,000 00	» »	300,384 61
Mai	113,000,000 00	76,307,692 30	» »	316,923 08
Juin	114,000,000 00	76,615,384 62	» »	353,461 53
Juillet	115,000,000 00	76,923,076 92	» »	325,000 00
Août	116,000,000 00	77,230,769 23	» »	316,538 46
Septembre	117,000,000 00	77,538,461 54	» »	308,076 92
Octobre	118,000,000 00	77,846,153 84	» »	274,615 38
Novembre	119,000,000 00	78,153,846 15	» »	241,153 84
Décembre	120,000,000 00	78,461,538 46	» »	207,692 38
11ᵉ ANNÉE. Janvier	121,000,000 00	78,692,307 70	» »	238,461 53
Février	122,000,000 00	78,923,076 94	» »	269,230 77
Mars	123,000,000 00	79,153,846 15	» »	300,000 00
Avril	124,000,000 00	79,384,615 38	» »	305,769 23
Mai	125,000,000 00	79,615,384 61	» »	311,538 46
Juin	126,000,000 00	79,846,153 84	» »	317,307 69
Juillet	127,000,000 00	80,076,923 08	» »	298,076 92
Août	128,000,000 00	80,307,692 30	» »	278,846 15
Septembre	129,000,000 00	80,538,461 54	» »	259,615 38
Octobre	130,000,000 00	80,769,230 77	» »	215,384 61
Novembre	131,000,000 00	81,000,000 00	» »	171,153 84
Décembre	132,000,000 00	81,230,769 23	» »	126,923 07

Échéances des annuités à recevoir et des obligations à payer.	Montant des annuités à recevoir.	MONTANT DES OBLIGATIONS A PAYER.			Excédant momentané des annuités.	Insuffisance momentanée des annuités.	Excédant final des annuités ou bénéfices réalisés.
		Intérêts.	Remboursement de treizième.	Total.			
	F. C.	F. C.	F. C.	F. C.	F. C.	F. C.	F. C.
8e ANNÉE. Janvier. .	700,000 00	215,384 61	538,461 53	753,846 15	» »	53,846 15	» »
Février. .	700,000 00	215,384 61	538,461 53	753,846 15	» »	53,846 15	» »
Mars. . .	700,000 00	215,384 61	538,461 53	753,846 15	» »	53,846 15	» »
Avril. . .	725,000 00	215,384 61	538,461 53	753,846 15	» »	28,846 15	» »
Mai. . . .	725,000 00	215,384 61	538,461 53	753,846 15	» »	28,846 15	» »
Juin.. . .	725,000 00	215,384 61	538,461 53	753,846 15	» »	28,846 15	» »
Juillet. .	750,000 00	215,384 61	538,461 53	753,846 15	» »	3,846 15	» »
Août. . .	750,000 00	215,384 61	538,461 53	753,846 15	» »	3,846 15	» »
Septemb..	750,000 00	215,384 61	538,461 53	753,846 15	» »	3,846 15	» »
Octobre..	775,000 00	215,384 61	538,461 53	753,846 15	21,153 85	» »	» »
Novemb..	775,000 00	215,384 61	538,461 53	753,846 15	21,153 85	» »	» »
Décemb..	775,000 00	215,384 61	538,461 53	753,846 15	21,153 85	» »	» »
9e ANNÉE. Janvier. .	800,000 00	233,846 15	615,384 61	849,230 77	» »	49,230 77	» »
Février. .	800,000 00	233,846 15	615,384 61	849,230 77	» »	49,230 77	» »
Mars.. . .	800,000 00	233,846 15	615,384 61	849,230 77	» »	49,230 77	» »
Avril. . .	825,000 00	233,846 15	615,384 61	849,230 77	» »	24,230 77	» »
Mai. . . .	825,000 00	233,846 15	615,384 61	849,230 77	» »	24,230 77	» »
Juin.. . .	825,000 00	233,846 15	615,384 61	849,230 77	» »	24,230 77	» »
Juillet. .	850,000 00	233,846 15	615,384 61	849,230 77	769 23	» »	» »
Août. . .	850,000 00	233,846 15	615,384 61	849,230 77	769 23	» »	» »
Septem. .	850,000 00	233,846 15	615,384 61	849,230 77	769 23	» »	» »
Octobre..	875,000 00	233,846 15	615,384 61	849,230 77	25,769 23	» »	» »
Novemb..	875,000 00	233,846 15	615,384 61	849,230 77	25,769 23	» »	» »
Décemb..	875,000 00	233,846 15	615,384 61	849,230 77	25,769 23	» »	» »
10e ANNÉE. Janvier. .	900,000 00	249,230 77	692,307 69	941,538 46	» »	41,538 46	» »
Février. .	900,000 00	249,230 77	692,307 69	941,538 46	» »	41,538 46	» »
Mars. . .	900,000 00	249,230 77	692,307 69	941,538 46	» »	41,538 46	» »
Avril. . .	925,000 00	249,230 77	692,307 69	941,538 46	» »	16,538 46	» »
Mai. . . .	925,000 00	249,230 77	692,307 69	941,538 46	» »	16,538 46	» »
Juin.. . .	925,000 00	249,230 77	692,307 69	941,538 46	» »	16,538 46	» »
Juillet. .	950,000 00	249,230 77	692,307 69	941,538 46	8,461 54	» »	» »
Août. . .	950,000 00	249,230 77	692,307 69	941,538 46	8,461 54	» »	» »
Septem. .	950,000 00	249,230 77	692,307 69	941,538 46	8,461 54	» »	» »
Octobre..	975,000 00	249,230 77	692,307 69	941,538 46	33,461 54	» »	» »
Novemb..	975,000 00	249,230 77	692,307 69	941,538 46	33,461 54	» »	» »
Décemb..	975,000 00	249,230 77	692,307 69	941,538 46	33,461 54	» »	» »
11e ANNÉE. Janvier. .	1,000,000 00	261,538 46	769,230 77	1,030,769 23	» »	30,769 23	» »
Février. .	1,000,000 00	261,538 46	769,230 77	1,030,769 23	» »	30,769 23	» »
Mars. . .	1,000,000 00	261,538 46	769,230 77	1,030,769 23	» »	30,769 23	» »
Avril. . .	1,025,000 00	261,538 46	769,230 77	1,030,769 23	» »	5,769 23	» »
Mai. . . .	1,025,000 00	261,538 46	769,230 77	1,030,769 23	» »	5,769 23	» »
Juin.. . .	1,025,000 00	261,538 46	769,230 77	1,030,769 23	» »	5,769 23	» »
Juillet. .	1,050,000 00	261,538 46	769,230 77	1,030,769 23	19,230 77	» »	» »
Août. . .	1,050,000 00	261,538 46	769,230 77	1,030,769 23	19,230 77	» »	» »
Septem. .	1,050,000 00	261,538 46	769,230 77	1,030,769 23	19,230 77	» »	» »
Octobre..	1,075,000 00	261,538 46	769,230 77	1,030,769 23	44,230 77	» »	» »
Novemb..	1,075,000 00	261,538 46	769,230 77	1,030,769 23	44,230 77	» »	» »
Décemb..	1,075,000 00	261,538 46	769,230 77	1,030,769 23	44,230 77	» »	» »

ÉPOQUES.	OPÉRATIONS ENGAGÉES.		SOMME	
	Principal de la dette créée par les débiteurs, en annuités ; par la Caisse, en obligat°.	Montant des obligations en circulation ; remboursements déduits.	en caisse, provenant de l'excédant des annuités.	à fournir pour suppléer à l'insuffisance des annuités.
	F. C.	F. C.	F. C.	F. C.
12ᵉ ANNÉE.				
Janvier	133,000,000 00	81,384,615 38	» »	113,846 45
Février	134,000,000 00	81,538,461 53	» »	160,769 23
Mars	135,000,000 00	81,692,307 69	» »	177,692 30
Avril	136,000,000 00	82,846,153 84	» »	169,615 38
Mai	137,000,000 00	82,000,000 00	» »	161,538 46
Juin	138,000,000 00	82,153,846 15	» »	153,461 53
Juillet	139,000,000 00	82,307,692 30	» »	120,384 61
Août	140,000,000 00	82,461,538 46	» »	87,307 69
Septembre	141,000,000 00	82,615,384 61	» »	54,230 76
Octobre	142,000,000 00	82,769,230 77	3,846 15	» »
Novembre	143,000,000 00	82,923,076 92	61,923 08	» »
Décembre	144,000,000 00	83,076,923 08	120,000 00	» »
13ᵉ ANNÉE.				
Janvier	145,000,000 00	83,153,846 15	120,000 00	» »
Février	146,000,000 00	83,230,769 23	120,000 00	» »
Mars	147,000,000 00	83,307,692 30	120,000 00	» »
Avril	148,000,000 00	83,384,615 38	145,000 00	» »
Mai	149,000,000 00	83,461,538 46	170,000 00	» »
Juin	150,000,000 00	83,538,461 53	195,000 00	» »
Juillet	151,000,000 00	83,615,384 61	245,000 00	» »
Août	152,000,000 00	83,692,307 69	295,000 00	» »
Septembre	153,000,000 00	83,769,230 77	345,000 00	» »
Octobre	154,000,000 00	83,846,153 85	420,000 00	» »
Novembre	155,000,000 00	83,923,076 92	495,000 00	» »
Décembre	156,000,000 00	84,000,000 00	570,000 00	» »
14ᵉ ANNÉE.				
Janvier	» »	83,000,000 00	570,000 00	» »
Février	» »	82,000,000 00	570,000 00	» »
Mars	» »	81,000,000 00	570,000 00	» »
Avril	» »	80,000,000 00	546,000 00	» »
Mai	» »	79,000,000 00	520,000 00	» »
Juin	» »	78,000,000 00	495,000 00	» »
Juillet	» »	77,000,000 00	445,000 00	» »
Août	» »	76,000,000 00	395,000 00	» »
Septembre	» »	75,000,000 00	345,000 00	» »
Octobre	» »	74,000,000 00	270,000 00	» »
Novembre	» »	73,000,000 00	195,000 00	» »
Décembre	» »	72,000,000 00	120,000 00	» »
15ᵉ ANNÉE.				
Janvier	» »	74,076,923 08	136,923 08	» »
Février	» »	70,153,846 15	153,846 15	» »
Mars	» »	69,230,769 23	170,769 23	» »
Avril	» »	68,307,692 30	162,692 30	» »
Mai	» »	67,384,615 38	154,615 38	» »
Juin	» »	66,461,538 46	146,538 46	» »
Juillet	» »	65,538,461 54	113,461 54	» »
Août	» »	64,615,384 61	80,384 61	» »
Septembre	» »	63,692,307 70	47,307 70	» »
Octobre	» »	62,769,230 77	» »	10,769 23
Novembre	» »	61,846,153 84	» »	68,846 15
Décembre	» »	60,923,076 92	» »	126,923 07

Échéances des annuités à recevoir et des obligations à payer.	Montant des annuités à recevoir.	MONTANT DES OBLIGATIONS A PAYER.			Excédant momentané des annuités.	Insuffisance momentanée des annuités.	Excédant final des annuités ou bénéfices réalisés.
		Intérêts.	Remboursement de treizième.	Total.			
	F. C.	F. C.	F. C.	F. C.	F. C.	F. C.	F. C.
12e ANNÉE. Janvier..	1,100,000 00	270,769 23	846,153 85	1,116,923 08		16,923 08	
Février..	1,100,000 00	270,769 23	846,153 85	1,116,923 08		16,923 08	
Mars....	1,100,000 00	270,769 23	846,153 85	1,116,923 08		16,923 08	
Avril...	1,125,000 00	270,769 23	846,153 85	1,116,923 08	8,076 92		
Mai....	1,125,000 00	270,769 23	846,153 85	1,116,923 08	8,076 92		
Juin....	1,125,000 00	270,769 23	846,153 85	1,116,923 08	8,076 92		
Juillet...	1,150,000 00	270,769 23	846,153 85	1,116,923 08	33,076 92		
Août...	1,150,000 00	270,769 23	846,153 85	1,116,923 08	33,076 92		
Septemb..	1,150,000 00	270,769 23	846,153 85	1,116,923 08	33,076 92		
Octobre..	1,175,000 00	270,769 23	846,153 85	1,116,923 08	58,076 92		
Novemb..	1,175,000 00	270,769 23	846,153 85	1,116,923 08	58,076 92		
Décemb..	1,175,000 00	270,769 23	846,153 85	1,116,923 08	58,076 92		
13e ANNÉE. Janvier..	1,200,000 00	276,923 08	923,076 92	1,200,000 00			
Février..	1,200,000 00	276,923 08	923,076 92	1,200,000 00			
Mars...	1,200,000 00	276,923 08	923.076 92	1,200,000 00			
Avril...	1,225,000 00	276,923 08	923,076 92	1,200,000 00	25,000 00		
Mai....	1,225,000 00	276,923 08	923,076 92	1,200,000 00	25,000 00		
Juin....	1,225,000 00	276,923 08	923,076 92	1,200,000 00	25,000 00		
Juillet...	1,250,000 00	276,923 08	923,076 92	1,200,000 00	50,000 00		
Août....	1,250,000 00	276,923 08	923,076 92	1,200,000 00	50,000 00		
Septemb..	1,250,000 00	276,923 08	923,076 92	1,200,000 00	50,000 00		
Octobre..	1,275,000 00	276,923 08	923,076 92	1,200,000 00	75,000 00		
Novemb..	1,275,000 00	276,923 08	923,076 92	1,200,000 00	75,000 00		
Décemb..	1,275,000 00	276,923 08	923,076 92	1,200,000 00	75,000 00		
14e ANNÉE. Janvier..	1,300,000 00	280,000 00	1,000,000 00	1,280,000 00		00,000 00	20,000 00
Février..	1,300,000 00	280,000 00	1,000,000 00	1,280,000 00		00,000 00	20,000 00
Mars...	1,300,000 00	280,000 00	1,000,000 00	1,280,000 00		00,000 00	20,000 00
Avril...	1,275,000 00	280,000 00	1,000,000 00	1,280,000 00		25,000 00	20,000 00
Mai....	1,275,000 00	280,000 00	1,000,000 00	1,280,000 00		25,000 00	20,000 00
Juin....	1,275,000 00	280,000 00	1,000,000 00	1,280,000 00		25,000 00	20,000 00
Juillet...	1,250,000 00	280,000 00	1,000,000 00	1,280,000 00		50,000 00	20,000 00
Août....	1,250,000 00	280,000 00	1,000,000 00	1,280,000 00		50,000 00	20,000 00
Septemb..	1,250,000 00	280,000 00	1,000,000 00	1,280,000 00		50,000 00	20,000 00
Octobre..	1,225,000 00	280,000 00	1,000,000 00	1,280,000 00		75,000 00	20,000 00
Novemb..	1,225,000 00	280,000 00	1,000,000 00	1,280,000 00		75,000 00	20,000 00
Décemb..	1,225,000 00	280,000 00	1,000,000 00	1,280,000 00		75,000 00	20,000 00
15e ANNÉE. Janvier..	1,200,000 00	240,000 00	923,076 92	1,163,076 92	16,923 08		20,000 00
Février..	1,200,000 00	240,000 00	923,076 92	1,163,076 92	16,923 08		20,000 00
Mars...	1,200,000 00	240,000 00	923,076 92	1,163,076 92	16,923 08		20,000 00
Avril...	1,175,000 00	240,000 00	923,076 92	1,163,076 92		8,076 92	20,000 00
Mai....	1,175,000 00	240,000 00	923,076 92	1,163,076 92		8,076 92	20,000 00
Juin....	1,175,000 00	240,000 00	923,076 92	1,163,076 92		8,076 92	20,000 00
Juillet...	1,150,000 00	240,000 00	923,076 92	1,163,076 92		33,076 92	20,000 00
Août...	1,150,000 00	240,000 00	923,076 92	1,163,076 92		33,076 92	20,000 00
Septem..	1,150,000 00	240,000 00	923,076 92	1,163,076 92		33,076 92	20,000 00
Octobre..	1,125,000 00	240,000 00	923,076 92	1,163,076 92		58,076 92	20,000 00
Novemb..	1,125,000 00	240,000 00	923,076 92	1,163,076 92		58,076 92	20,000 00
Décemb..	1,125,000 00	240,000 00	923,076 92	1,163,076 92		58,076 92	20,000 00

ÉPOQUES.	OPÉRATIONS ENGAGÉES.		SOMME	
	Principal de la dette créé par les débiteurs, en annuités ; par la Caisse, en obligat.	Montant des obligations en circulation, remboursements déduits.	en caisse, provenant de l'excédant des annuités.	à fournir pour suppléer à l'insuffisance des annuités.
	F. c.	F. c.	F. c.	F. c.
16ᵉ ANNÉE. Janvier	» »	60,076,923 08	» »	96,153 85
Février	» »	59,230,769 23	» »	65,384 61
Mars	» »	58,384,615 38	» »	34,615 38
Avril	» »	57,538,461 53	» »	28,846 15
Mai	» »	56,692,307 74	» »	23,076 92
Juin	» »	55,846,153 84	» »	17,307 69
Juillet	» »	55,000,000 00	» »	36,538 46
Août	» »	54,153,846 15	» »	57,769 23
Septembre	» »	53,307,692 30	» »	75,000 00
Octobre	» »	52,461,538 46	» »	119,230 77
Novembre	» »	51,615,384 61	» »	163,461 54
Décembre	» »	50,769,230 77	» »	207,692 30
17ᵉ ANNÉE. Janvier	» »	50,000,000 00	» »	166,153 84
Février	» »	49,230,769 23	» »	124,615 38
Mars	» »	48,461,538 46	» »	83,076 92
Avril	» »	47,692,307 69	» »	66,153 47
Mai	» »	46,923,076 92	» »	50,000 00
Juin	» »	46,153,846 15	» »	33,461 54
Juillet	» »	45,384,615 38	» »	41,923 08
Août	» »	44,615,384 61	» »	50,384 61
Septembre	» »	43,856,153 84	» »	58,846 15
Octobre	» »	42,076,923 07	» »	92,307 69
Novembre	» »	42,307,692 30	» »	125,769 23
Décembre	» »	41,538,461 53	» »	159,230 77
18ᵉ ANNÉE. Janvier	» »	40,846,153 84	» »	110,000 00
Février	» »	40,153,846 15	» »	60,769 23
Mars	»	39,461,538 46	» »	11,538 46
Avril	» »	38,769,230 77	12,692 30	» »
Mai	» »	38,076,923 08	36,923 08	» »
Juin	» »	37,384,615 38	61,153 85	» »
Juillet	» »	36,692,307 69	60,384 61	» »
Août	» »	36,000,000 00	59,615 38	» »
Septembre	» »	35,307,692 31	58,846 15	» »
Octobre	» »	34,615,384 62	33,076 92	» »
Novembre	» »	33,923,076 92	07,307 75	» »
Décembre	» »	33,230,769 23	» »	18,461 54
19ᵉ ANNÉE. Janvier	» »	32,615,384 62	35,384 68	» »
Février	» »	32,000,000 00	89,230 77	» »
Mars	» »	31,384,615 38	143,076 92	» »
Avril	» »	30,769,230 77	171,923 08	» »
Mai	» »	30,153,846 15	200,769 23	» »
Juin	» »	29,538,461 53	229,615 38	» »
Juillet	» »	28,923,076 92	333,461 58	» »
Août	» »	28,307,692 30	237,307 70	» »
Septembre	» »	27,692,307 69	241,153 84	» »
Octobre	» »	27,076,923 08	220,000 00	» »
Novembre	» »	26,461,538 46	198,846 15	» »
Décembre	» »	25,846,153 84	177,692 30	» »

Échéances des annuités à recevoir et des obligations à payer.	Montant des annuités à recevoir.	MONTANT DES OBLIGATIONS A PAYER.			Excédant momentané des annuités.	Insuffisance momentanée des annuités.	Excédant final des annuités ou bénéfices réalisés.
		Intérêts.	Remboursement de treizième.	TOTAL.			
	F. C.	F. C.	F. C.	F. C.	F. C.	F. C.	F. C.
16ᵉ ANNÉE. Janvier. .	1,100,000 00	203,076 92	846,153 85	1,049,230 77	30,769 23	» »	20,000 00
Février. .	1,100,000 00	203,076 92	846,153 85	1,049,230 77	30,769 23	» »	20,000 00
Mars. . .	1,100,000 00	203,076 92	846,153 85	1,049,230 77	30,769 23	» »	20,000 00
Avril. . .	1,075,000 00	203,076 92	846,153 85	1,049,230 77	5,769 23	» »	20,000 00
Mai. . . .	1,075,000 00	203,076 92	846,153 85	1,049,230 77	5,769 23	» »	20,000 00
Juin. . . .	1,075,000 00	203,076 92	846,153 85	1,049,230 77	5,769 23	» »	20,000 00
Juillet. . .	1,050,000 00	203,076 92	846,153 85	1,049,230 77	» »	19,230 77	20,000 00
Août. . .	1,050,000 00	203,076 92	846,153 85	1,049,230 77	»	19,230 77	20,000 00
Septemb..	1,050,000 00	203,076 92	846,153 85	1,049,230 77	» »	19,230 77	20,000 00
Octobre..	1,025,000 00	203,076 92	846,153 85	1,049,230 77	» »	44,230 77	20,000 00
Novemb..	1,025,000 00	203,076 92	846,153 85	1,049,230 77	» »	44,230 77	20,000 00
Décemb..	1,025,000 00	203,076 92	846,153 85	1,049,230 77	» »	44,230 77	20,000 00
17ᵉ ANNÉE. Janvier. .	1,000,000 00	169,230 77	769,230 77	938,461 54	41,538 46	» »	20,000 00
Février. .	1,000,000 00	169,230 77	769,230 77	938,461 54	41,538 46	» »	20,000 00
Mars.. . .	1,000,000 00	169,230 77	769,230 77	938,461 54	41,538 46	» »	20,000 00
Avril. . .	975,000 00	169,230 77	769,230 77	938,461 54	16,538 46	» »	20,000 00
Mai. . . .	975,000 00	169,230 77	769,230 77	938,461 54	16,538 46	» »	20,000 00
Juin. . . .	975,000 00	169,230 77	769,230 77	938,461 54	16,538 46	» »	20,000 00
Juillet. . .	950,000 00	169,230 77	769,230 77	938,461 54	» »	8,461 54	20,000 00
Août. . .	950,000 00	169,230 77	769,230 77	938,461 54	» »	8,461 54	20,000 00
Septem. .	950,000 00	169,230 77	769,230 77	938,461 54	» »	8,461 54	20,000 00
Octobre..	925,000 00	169,230 77	769,230 77	938,461 54	» »	33,461 54	20,000 00
Novemb..	925,000 00	169,230 77	769,230 77	938,461 54	» »	33,461 54	20,000 00
Décemb..	925,000 00	169,230 77	769,230 77	938,461 54	» »	33,461 54	0,000 00
18ᵉ ANNÉE. Janvier. .	900,000 00	138,461 54	692,307 69	830,769 23	49,230 77	» »	20,000 00
Février. .	900,000 00	138,461 54	692,307 69	830,769 23	49,230 77	» »	20,000 00
Mars. . .	900,000 00	138,461 54	692,307 69	830,769 23	49,230 77	» »	20,000 00
Avril. . .	875,000 00	138,461 54	692,307 69	830,769 23	24,230 77	» »	20,000 00
Mai. . . .	875,000 00	138,461 54	692,307 69	830,769 23	24,230 77	» »	20,000 00
Juin.. . .	875,000 00	138,461 54	692,307 69	830,769 23	24,230 77	» »	20,000 00
Juillet. . .	850,000 00	138,461 54	692,307 69	830,769 23	» »	769 23	20,000 00
Août.. . .	850,000 00	138,461 54	692,307 69	830,769 23	» »	769 23	20,000 00
Septem. .	850,000 00	138,461 54	692,307 69	830,769 23	» »	769 23	20,000 00
Octobre..	825,000 00	138,461 54	692,307 69	830,769 23	» »	25,769 23	20,000 00
Novemb..	825,000 00	138,461 54	692,307 69	830,769 23	» »	25,769 23	20,000 00
Décemb..	825,000 00	138,461 54	692,307 69	830,769 23	» »	25,769 23	20,000 00
19ᵉ ANNÉE. Janvier. .	800,000 00	110,769 23	615,384 61	726,153 84	53,846 15	» »	20,000 00
Février. .	800,000 00	110,769 23	615,384 61	726,153 84	53,846 15	» »	20,000 00
Mars. . .	800,000 00	110,769 23	615,384 61	726,153 84	53,846 15	» »	20,000 00
Avril. . .	775,000 00	110,769 23	615,384 61	726,153 84	28,846 15	» »	20,000 00
Mai. . . .	775,000 00	110,769 23	615,384 61	726,153 84	28,846 15	» »	20,000 00
Juin. . . .	775,000 00	110,769 23	615,384 61	726,153 84	28,846 15	» »	20,000 00
Juillet. . .	750,000 00	110,769 23	615,384 61	726,153 84	3,846 15	» »	20,000 00
Août. . .	750,000 00	110,769 23	615,384 61	726,153 84	3,846 15	» »	20,000 00
Septem. .	750,000 00	110,769 23	615,384 61	726,153 84	3,846 15	» »	20,000 00
Octobre..	725,000 00	110,769 23	615,384 61	726,153 84	» »	21,153 85	20,000 00
Novemb..	725,000 00	110,769 23	615,384 61	726,153 84	» »	21,153 85	20,000 00
Décemb..	725,000 00	110,769 23	615,384 61	726,153 84	» »	21,153 85	20,000 00

ÉPOQUES	OPÉRATIONS ENGAGÉES.		SOMME	
	Principal de la dette créée par les débiteurs, en annuités; par la Caisse, en obligat'. (F. C.)	Montant des obligations en circulation; remboursements déduits. (F. C.)	en caisse, provenant de l'excédant des annuités. (F. C.)	à fournir pour suppléer à l'insuffisance des annuités. (F. C.)
20ᵉ ANNÉE.				
Janvier..	» »	25,307,692 30	233,076 92	» »
Février..	» »	24,769,230 67	288,461 54	» »
Mars.	» »	24,230,769 23	343,846 15	» »
Avril.	» »	23,692,307 69	374,230 76	» »
Mai..	» »	23,153,846 15	404,615 38	» »
Juin..	» »	22,615,384 61	435,000 00	» »
Juillet.	» »	22,076,923 08	440,384 61	» »
Août.	» »	21,538,461 53	445,769 23	» »
Septembre.. . . .	» »	21,000,000 00	451,153 84	» »
Octobre.	» »	20,461,538 46	421,538 46	» »
Novembre.. . . .	» »	19,923,076 92	411,923 08	» »
Décembre.. . . .	» »	19,384,615 38	392,307 69	» »
21ᵉ ANNÉE.				
Janvier..	» »	18,923,076 92	446,153 84	» »
Février..	» »	18,461,538 46	500,000 00	» »
Mars.	» »	18,000,000 00	553,846 15	» »
Avril.	» »	17,538,461 54	582,692 30	» »
Mai..	» »	17,076,923 08	611,538 46	» »
Juin.	» »	16,615,384 62	640,384 61	» »
Juillet.	» »	16,153,846 15	644,230 76	» »
Août.	» »	15,692,307 69	648,076 92	» »
Septembre.. . .	» »	15,230,769 23	651,923 08	» »
Octobre.	» »	14,769,230 76	630,769 23	» »
Novembre.. . . .	» »	14,307,692 30	609,615 38	» »
Décembre.. . . .	» »	14,846,153 84	588,461 54	» »
22ᵉ ANNÉE.				
Janvier..	» »	13,461,538 46	637,692 30	» »
Février..	» »	13,076,923 08	686,923 08	» »
Mars.	» »	12,692,307 69	736,153 84	» »
Avril.	» »	12,307,692 30	760,384 61	» »
Mai..	» »	11,923,076 92	784,615 38	» »
Juin..	» »	11,538,461 54	808,846 15	» »
Juillet.	» »	11,153,846 15	808,076 92	» »
Août.	» »	10,769,230 77	807,307 69	» »
Septembre.. . .	» »	10,384,615 38	806,538 46	» »
Octobre.	» »	10,000,000 00	780,769 23	» »
Novembre.. . . .	» »	9,615,384 61	755,000 00	» »
Décembre.. . . .	» »	9,230,769 23	729,230 77	» »
23ᵉ ANNÉE.				
Janvier..	» »	8,923,076 92	770,769 23	» »
Février..	» »	8,615,384 61	812,307 70	» »
Mars.	» »	8,307,692 30	853,846 15	» »
Avril.	» »	8,000,000 00	870,384 61	» »
Mai..	» »	7,692,307 69	886,923 07	» »
Juin.	» »	7,384,615 38	903,461 54	» »
Juillet.	» »	7,076,923 08	895,000 00	» »
Août.	» »	6,769,230 77	886,538 46	» »
Septembre.. . .	» »	6,464,538 46	878,076 92	» »
Octobre.	» »	6,153,846 15	844,615 38	» »
Novembre.. . . .	» »	5,846,153 84	811,153 84	» »
Décembre.. . . .	» »	5,538,461 53	777,692 30	» »

Échéances des annuités à recevoir et des obligations à payer.	Montant des annuités à recevoir.	MONTANT DES OBLIGATIONS À PAYER.			Excédant momentané des annuités.	Insuffisance momentanée des annuités.	Excédant final des annuités ou bénéfices réalisés.
		Intérêts.	Remboursement de treizième.	Total.			
	F. C.	F. C.	F. C.	F. C.	F. C.	F. C.	F. C.
20e ANNÉE							
Janvier. .	700,000 00	86,153 84	538,461 54	624,615 38	55,384 61	» »	20,000 00
Février. .	700,000 00	86,153 84	538,461 54	624,615 38	55,384 61	» »	20,000 00
Mars. . .	700,000 00	86,153 84	538,461 54	624,615 38	55,384 61	» »	20,000 00
Avril. . .	675,000 00	86,153 84	538,461 54	624,615 38	30,384 61	» »	20,000 00
Mai. . . .	675,000 00	86,153 84	538,461 54	624,615 38	30,384 61	» »	20,000 00
Juin. . .	675,000 00	86,153 84	538,461 54	624,615 38	30,384 61	» »	20,000 00
Juillet. .	650,000 00	86,153 84	538,461 54	624,615 38	5,384 61	» »	20,000 00
Août. . .	650,000 00	86,153 84	538,461 54	624,615 38	5,384 61	» »	20,000 00
Septemb..	650,000 00	86,153 84	538,461 54	624,615 38	5,384 61	» »	20,000 00
Octobre. .	625,000 00	86,153 84	538,461 54	624,615 38	» »	19,615 38	20,000 00
Novemb..	625,000 00	86,153 84	538,461 54	624,615 38	» »	19,615 38	20,000 00
Décemb..	623,000 00	86,153 84	538,461 54	624,615 38	» »	19,615 38	20,000 00
21e ANNÉE							
Janvier. .	600,000 00	64,615 38	461,538 46	526,153 84	53,846 15	» »	20,000 00
Février. .	600,000 00	64,615 38	461,538 46	526,153 84	53,846 15	» »	20,000 00
Mars. . .	600,000 00	64,615 38	461.538 46	526,153 84	53,846 15	» »	20,000 00
Avril. . .	575,000 00	64,615 38	461,538 46	526,153 84	28,846 15	» »	20,000 00
Mai. . .	575,000 00	64,615 38	461,538 46	526,153 84	28,846 15	» »	20,000 00
Juin. . . .	575,000 00	64,615 38	461,538 46	526,153 84	28,846 15	» »	20,000 00
Juillet. . .	550,000 00	64,615 38	461,538 46	526,153 84	3,846 15	» »	20,000 00
Août. . .	550,000 00	64,615 38	461,538 46	526,153 84	3,846 15	» »	20,000 00
Septemb..	550,000 00	64,615 38	461,538 46	526,153 84	3,846 15	» »	20,000 00
Octobre. .	525,000 00	64,615 38	461,538 46	526,153 84	» »	21,153 85	20,000 00
Novemb. .	525,000 00	64,615 38	461,538 46	526,153 84	» »	21,153 85	20,000 00
Décemb..	525,000 00	64,615 38	461,538 46	526,153 84	» »	21,153 85	20,000 00
22e ANNÉE							
Janvier. .	500,000 00	46,153 84	384,615 38	430,769 23	49,230 77	» »	20,000 00
Février. .	500,000 00	46,153 84	384,615 38	430,769 23	49,230 77	» »	20,000 00
Mars. . .	500,000 00	46,153 84	384,615 38	430,769 23	49,230 77	» »	20,000 00
Avril. . .	475,000 00	46,153 84	384,615 38	430,769 23	24,230 77	» »	20,000 00
Mai. . .	475,000 00	46,153 84	384,615 38	430,769 23	24,230 77	» »	20,000 00
Juin. . . .	475,000 00	46,153 84	384,615 38	430,769 23	24,230 77	» »	20,000 00
Juillet. . .	450,000 00	46,153 84	384,615 38	430,769 23	» »	769 »	20,000 00
Août. . . .	450,000 00	46,153 84	384,615 38	430,769 23	» »	769 »	20,000 00
Septemb..	450,000 00	46,153 84	384,615 38	430,769 23	» »	769 »	20,000 00
Octobre. .	425,000 00	46,153 84	384,615 38	430,769 23	» »	25,769 »	20,000 00
Novemb..	425,000 00	46,153 84	384,615 38	430,769 23	» »	25,769 »	20,000 00
Décemb..	425,000 00	46,153 84	384,615 38	430,769 23	» »	25,769 »	20,000 00
23e ANNÉE							
Janvier. .	400,000 00	30,769 23	307,692 30	338,461 54	41,538 46	» »	20,000 00
Février. .	400,000 00	30,769 23	307,692 30	338,461 54	41,538 46	» »	20,000 00
Mars. . .	400,000 00	30,769 23	307,692 30	338,461 54	41,538 46	» »	20,000 00
Avril. . .	375,000 00	30,769 23	307,692 30	338,461 54	16,538 46	» »	20,000 00
Mai. . .	375,000 00	30,769 23	307,692 30	338,461 54	16,538 46	» »	20,000 00
Juin. . . .	375,000 00	30,769 23	307,692 30	338,461 54	16,538 46	» »	20,000 00
Juillet. . .	350,000 00	30,769 23	307,692 30	338,461 54	» »	8,461 54	20,000 00
Août . . .	350,000 00	30,769 23	307,692 30	338,461 54	» »	8,461 54	20,000 00
Septem..	350,000 00	30,769 23	307,692 30	338,461 54	» »	8,461 54	20,000 00
Octobre..	325,000 00	30,769 23	307,692 30	338,461 54	» »	33,461 54	20,000 00
Novemb..	325,000 00	30,769 23	307,692 30	338,461 54	» »	33,461 54	20,000 00
Décemb..	325,000 00	30,769 23	307,692 30	338,461 54	» »	33,461 54	20,000 00

ÉPOQUES.		OPÉRATIONS ENGAGÉES.		SOMME	
		Principal de la dette créé par les débiteurs, en annuités; par la Caisse, en obligat'.	Montant des obligations en circulation, remboursements déduits.	en caisse, provenant de l'excédant des annuités.	à fournir pour suppléer à l'insuffisance des annuités.
		F. C.	F. C.	F. C.	
24e ANNÉE.	Janvier	» »	5,307,692 30	808,464 53	» »
	Février	» »	5,076,923 07	839,230 76	» »
	Mars	» »	4,846,153 84	870,000 00	» »
	Avril	» »	4,615,384 61	875,769 23	» »
	Mai	» »	4,384,615 38	881,538 46	» »
	Juin	» »	4,153,846 15	887,307 69	» »
	Juillet	» »	3,923,076 92	868,076 92	» »
	Août	» »	3,692,307 69	848,846 15	» »
	Septembre	» »	3,461,538 46	829,615 38	» »
	Octobre	» »	3,230,769 23	785,384 61	» »
	Novembre	» »	3,000,000 00	741,153 84	» »
	Décembre	» »	2,769,230 77	696,923 08	» »
25e ANNÉE.	Janvier	» »	2,615,384 61	713,846 15	» »
	Février	» »	2,461,538 46	730,769 23	» »
	Mars	» »	2,307,692 30	747,692 31	» »
	Avril	» »	2,153,846 15	739,615 38	» »
	Mai	» »	2,000,000 00	731,538 46	» »
	Juin	» »	1,846,153 84	723,461 54	» »
	Juillet	» »	1,692,307 69	690,384 61	» »
	Août	» »	1,538,461 53	657,307 70	» »
	Septembre	» »	1,384,615 38	624,230 76	» »
	Octobre	» »	1,230,769 23	566,153 84	» »
	Novembre	» »	1,076,923 08	508,076 92	» »
	Décembre	» »	923,076 92	450,000 00	» »
26e ANNÉE.	Janvier	» »	846,153 84	450,000 00	» »
	Février	» »	769,230 77	450,000 00	» »
	Mars	» »	692,307 69	450,000 00	» »
	Avril	» »	615,384 61	425,000 00	» »
	Mai	» »	538,461 53	400,000 00	» »
	Juin	» »	461,538 46	375,000 00	» »
	Juillet	» »	384,615 38	325,000 00	» »
	Août	» »	307,692 30	275,000 00	» »
	Septembre	» »	230,769 23	225,000 00	» »
	Octobre	» »	153,846 15	150,000 00	» »
	Novembre	» »	076,923 08	075,000 00	» »
	Décembre	» »	000,000 00	000,000 00	» »

Échéances des annuités à recevoir et des obligations à payer.	Montant des annuités à recevoir.	MONTANT DES OBLIGATIONS A PAYER. Intérêts.	Remboursement de treizième.	TOTAL.	Excédant momentané des annuités.	Insuffisance momentanée des annuités.	Excédant final des annuités ou bénéfices réalisés.
	F. C.	F. C.	F. C.	F. C.	F. C.	F. C.	F. C.
24ᵉ ANNÉE. Janvier. .	300,000 00	18,461 54	230,769 23	249,230 77	30,769 23	» »	20,000 00
Février. .	300,000 00	18,461 54	230,769 23	249,230 77	30,769 23	» »	20,000 00
Mars. . .	300,000 00	18,461 54	230,769 23	249,230 77	30,769 23	» »	20,000 00
Avril. . .	275,000 00	18,461 54	230,769 23	249,230 77	5,769 23	» »	20,000 00
Mai. . . .	275,000 00	18,461 54	230,769 23	249,230 77	5,769 23	» »	20,000 00
Juin. . . .	275,000 00	18,461 54	230,769 23	249,230 77	5,769 23	» »	20,000 00
Juillet. . .	250,000 00	18,461 54	230,769 23	249,230 77	» »	19,230 77	20,000 00
Août. . .	250,000 00	18,461 54	230,769 23	249,230 77	» »	19,230 77	20,000 00
Septemb..	250,000 00	18,461 54	230,769 23	249,230 77	» »	19,230 77	20,000 00
Octobre..	225,000 00	18,461 54	230,769 23	249,230 77	» »	44,230 77	20,000 00
Novemb..	225,000 00	18,461 54	230,769 23	249,230 77	» »	44,230 77	20,000 00
Décemb..	225,000 00	18,461 54	230,769 23	249,230 77	» »	44,230 77	20,000 00
25ᵉ ANNÉE. Janvier. .	200,000 00	9,230 77	153,846 15	163,076 92	16,923 08	» »	20,000 00
Février. .	200,000 00	9,230 77	153,846 15	163,076 92	16,923 08	» »	20,000 00
Mars.. . .	200,000 00	9,230 77	153,846 15	163,076 92	16,923 08	» »	20,000 00
Avril. . .	175,000 00	9,230 77	153,846 15	163,076 92	» »	8,076 92	20,000 00
Mai. . . .	175,000 00	9,230 77	153,846 15	163,076 92	» »	8,076 92	20,000 00
Juin. . .	175,000 00	9,230 77	153,846 15	163,076 92	» »	8,076 92	20,000 00
Juillet. . .	150,000 00	9,230 77	153,846 15	163,076 92	» »	33,076 92	20,000 00
Août. . .	150,000 00	9,230 77	153,846 15	163,076 92	» »	33,076 92	20,000 00
Septem. .	150,000 00	9,230 77	153,846 15	163,076 92	» »	33,076 92	20,000 00
Octobre..	125,000 00	9,230 77	153,846 15	163,076 92	» »	58,076 92	20,000 00
Novemb..	125,000 00	9,230 77	153,846 15	163,076 92	» »	58,076 92	20,000 00
Décemb..	125,000 00	9,230 77	153,846 15	163,076 92	» »	58,076 92	20,000 00
26ᵉ ANNÉE. Janvier. .	100,000 00	3,076 92	76,923 08	80,000 00	» »	» »	20,000 00
Février. .	100,000 00	3,076 92	76,923 08	80,000 00	» »	» »	20,000 00
Mars. . .	100,000 00	3,076 92	76,923 08	80,000 00	» »	» »	20,000 00
Avril. . .	75,000 00	3,076 92	76,923 08	80,000 00	» »	25,000 »	20,000 00
Mai. . .	75,000 00	3,076 92	76,923 08	80,000 00	» »	25,000 »	20,000 00
Juin.. . .	75,000 00	3,076 92	76,923 08	80,000 00	» »	25,000 »	20,000 00
Juillet. . .	50,000 00	3,076 92	76,923 08	80,000 00	» »	50,000 23	20,000 00
Août. . . .	50,000 00	3,076 92	76,923 08	80,000 00	» »	50,000 23	20,000 00
Septem. .	50,000 00	3,076 92	76,923 08	80,000 00	» »	50,000 23	20,000 00
Octobre..	25,000 00	3,076 92	76,923 08	80,000 00	» »	75,000 23	20,000 00
Novemb..	25,000 00	3,076 92	76,923 08	80,000 00	» »	75,000 23	20,000 00
Décemb..	25,000 00	3,076 92	76,923 08	80,000 00	» »	75,000 23	20,000 00

COMPLÉMENT.

11

COMPLÉMENT DU TABLEAU N° 1.

Situation de la Caisse Immobilière, applicable seulement aux intérêts des excédants des produits balancés par les intérêts des insuffisances.

ANNÉES.	INSUFFISANCES POUR CHACUN DES MOIS DE		EXCÉDANTS POUR CHACUN DES MOIS DE		Excédant final revenant chaque mois comme bénéfice à l'Établissement.	OBSERVATIONS.
	Janvier, Février, Mars.	Avril, Mai, Juin.	Juillet, Août, Septembre.	Octob., Novemb., Décembre.		
	F. c.	F. c.	F. c.	F. c.	F. c.	
1re... .	» »	» »	» »	» »	» »	Les insuffisances dans les mois d'avril, mai et juin, ne se manifestent qu'à la 3e année ; jusque-là surgissent les excédants qui suivent, et qui ne s'épuisent qu'à la 7e année;
2e... .	» »	» »	2,000 00	3,000 00	» »	
3e... .	676 92	» »	5,443 08	8,443 08	» »	
4e... .	2,611 59	» »	9,711 53	15,873 10	» »	
5e... .	6,285 28	» »	14,530 76	24,938 79	» »	
6e... .	12,075 15	» »	19,573 52	35,397 87	» »	
7e... .	20,250 45	» »	24,664 15	47,121 47	» »	SAVOIR :
8e... .	30,968 15	612 66	29,743 01	60,098 63	» »	1re année. » »
9e... .	44,268 41	4,498 69	34,871 19	74,441 03	» »	2e — . 1,000 00
10e.. .	60,069 90	9,917 39	40,235 27	90,387 87	» »	3e — . 2,363 08
11e.. .	78,164 92	16,006 88	46,152 36	108,311 06	» »	4e — . 3,549 90
12e.. .	98,214 67	22,570 71	53,075 38	128,720 42	» »	5e — . 4,122 66
13e.. .	119,743 25	29,073 53	61,598 39	152,269 23	» »	6e — . 3,749 10
14e.. .	144,479 40	37,182 87	70,115 90	177,413 58	2,346 42	7e — . 2,206 76
15e.. .	170,204 99	46,616 62	76,974 11	200,000 00	2,346 42	
16e.. .	196,282 69	56,750 28	82,783 55	222,316 74	2,346 42	
17e.. .	222,172 71	67,059 52	88,056 19	243,170 69	2,346 42	
18e.. .	247,435 79	77,113 10	93,201 22	263,520 29	2,346 42	
19e.. .	271,744 16	86,610 78	98,521 72	283,653 56	2,346 42	
20e.. .	294,864 92	95,339 33	104,208 28	303,745 58	2,346 42	
21e.. .	316,698 24	105,191 63	110,338 87	923,856 67	2,346 42	
22e.. .	337,251 05	110,204 17	116,867 54	343,926 04	2,346 42	
23e.. .	356,675 74	116,528 00	123,626 57	363,767 41	2,346 42	
24e.. .	375,477 13	122,443 24	130,347 50	383,064 00	2,346 42	
25e.. .	393,207 55	128,364 31	136,506 87	401,363 21	2,346 42	
26e.. .	411,284 27	134,845 30	141,620 72	418,071 32	2,358 86	

RÉSUMÉ.

Excédants de chacun des mois d'octobre, novembre, décembre. . 418,071 f. 32 c.

— de chacun des mois de juillet, août et sept. 141,620 f. 72 c.

Trois mois d'intérêts pour arriver aux mois d'octobre, novembre et décembre. 1,395 40

143,016 12

Montant total des excédants, *à reporter.* . 561,087 f. 44 c.

Report.   .   .   .   .   .   .   561,087 f. 44 c.

Insuffisances de chacun des mois de janvier, février
et mars.   .   .   .   .   .   411,281 f. 27 c.

Neuf mois d'intérêts pour arriver
aux mêmes mois.   .   .   .   12,277 56   } 423,558 83

Insuffisances de chacun des mois
d'avril, mai et juin.   .   .   .   134,845 30

Six mois d'intérêts pour arriver
aux mêmes mois.   .   .   .   2,670 90   } 137,516 20   } 561,075 03

Résidu.   .   .   .   .   .   .   12 f. 41 c.

Ce résidu provient du grand nombre de décimales qu'il a été impossible d'admettre dans les calculs ; tel est le motif pour lequel le produit des mois d'octobre, novembre et décembre de la 26ᵉ année, a été augmenté de 12 fr. 41 cent., et porté à 2,358 f. 86 c., au lieu de 2,346 f. 42 c.

EXPLICATION DU TABLEAU No 1ᵉʳ ET DE SON COMPLÉMENT.

TABLEAU Nº 1ᵉʳ.

Ce tableau applicable à un million de francs d'opérations par mois, effectuées pendant une période de treize années, s'étend jusqu'à la vingt-sixième année, parce que ce n'est qu'à cette époque que l'on voit s'éteindre la dernière obligation née de la dernière opération contractée le dernier jour d'une période de treize années.

Pour connaître la situation de l'Établissement, à quelque époque que ce soit, il suffit de jeter les yeux sur la ligne correspondante à l'époque que l'on désigne.

Exemple.

On veut savoir quelle sera la situation de l'Établissement au milieu de la 5ᵉ année. C'est la ligne de juin, 5ᵉ année, qu'il faut consulter ; on y voit :

1° Que le montant des obligations engagées s'élève à 54 millons de francs ;

2° Que le montant des obligations en circulation, remboursements déduits, est de 46 millions 615,384 fr. 61 c. ;

3° Qu'il existe en Caisse 508,846 fr. 15 c. provenant des excédants accumulés d'annuités, etc., etc. ;

4° Que le montant des annuités à recevoir pendant ce mois est de 425,000 fr. ;

5° Que le montant des obligations à payer s'élève en intérêts à 141,538 fr. 46 c., et en remboursement de treizième à 307,692 fr. 30 c.— Total : 449,230 fr. 77 c. ;

6° Et que ce mois présente une insuffisance de 24,230 fr. 77 c. ; c'est après cette insuffisance comblée que les excédants accumulés sont encore de 508,846 fr. 15 c.

Lorsque l'époque indiquée est postérieure à la première période de treize années, il faut ajouter aux résultats obtenus pour la première période, les résultats offerts par le temps écoulé sur la seconde.

Exemple.

On veut savoir quelle sera la situation de l'Établissement au milieu de la 18ᵉ année.

§ 1ᵉʳ. Opérations engagées.

Les opérations engagées dans le cours de la première période de treize années sont de. . . . . 156,000,000 f. 00 c.

Et celles engagées pendant les cinq années et demie de la seconde période (ligne de juin, 5ᵉ année). 54,000,000   00

Montant total des opérations engagées au mois de juin de la 18ᵉ année. . . . . 210,000,000 f. 00 c.

§ 2. Obligations en circulation.

Les obligations en circulation consistent dans :

1° Celles applicables à la première période (ligne de juin, 18ᵉ année). . . . . 37,384,615 f. 38 c.

2° Et celles applicables aux cinq années et demie de la seconde (ligne de juin, 5ᵉ année). 46,615,384   61

Montant total des obligations en circulation au mois de juin de la 18ᵉ année. . . . . 84,000,000 f. 00 c.

§ 3. Encaisse.

L'Encaisse provenant des excédants d'annuités s'élève :

1° Pour les opérations de la première période (ligne de juin 18ᵉ année) à. . . . . 61,153 f. 85 c.

2° Pour les opérations des cinq années et demie de la deuxième (ligne de juin 5ᵉ année) à. 508,846   15

A reporter. . . . . . 570,000 f. 00 c.

Report.	570,000 f. 00 c.
Encaisse total provenant des excédants d'annuités au mois de juin de la 18ᵉ année.	570,000 00

§ 4. Annuités à recevoir.

Le montant des annuités à recevoir dans ce mois s'élève :

1° Pour les opérations applicables à la première période (ligne de juin 18ᵉ année) à . . . .   875,000 f. 00 c.

2° Et pour celles applicables aux cinq années et demie de la seconde (ligne de juin 5ᵉ année) à. 425,000 00

Montant total des annuités à recevoir dans le mois de juin de la 18ᵉ année. . . . .   1,300,000 f. 00 c.

§ 5. Obligations à payer.

Les obligations à payer en principal et intérêts s'élèvent, savoir :

1° Celles applicables à la première période (ligne de juin, 18ᵉ année) à. . . . . . . 830,769 f. 23 c.

2° Et celles applicables à la seconde (ligne de juin, 5ᵉ année) à. 449,230 77   1,280,000 00

Excédant de annuités de ce mois sur les obligations. . .   20,000 f. 00 c.

COMPLÉMENT DU TABLEAU Nº 1.

Les obligations que l'Établissement a momentanément achetées pour utiliser les excédants d'annuités, ont elles-mêmes produit des intérêts pendant le temps qu'il les a possédées.

Ces intérêts doivent figurer dans l'Actif de l'Établissement ; mais il faut en déduire par compensation l'intérêt des sommes que la Compagnie anonyme, en puisant à même son capital social, a fournies pour combler les insuffisances, à partir du moment que les excédants accumulés se sont trouvés totalement épuisés.

De là est venue la nécessité du tableau complémentaire pour faire connaître les intérêts à compenser de la manière suivante :

Exemple.

On veut savoir quelle sera à l'égard de ces intérêts la situation de l'Établissement à l'expiration de la 5ᵉ année.

En prenant la ligne applicable à cette année, on voit que les mois d'avril, mai et juin offrent chacun un excédant de 4,122 fr. 66 c., ci pour les trois mois. . 12,367 f. 98 c.

Les mois de juillet, août et septembre, chacun 14,530 fr. 76 c., ci pour les trois mois. 43,592 28

Et les mois d'octobre, novembre et décembre, chacun 24,938 fr. 79 c., ci pour les trois mois. 74,816 37

Montant total des intérêts acquis à l'Établissement. . . 130,776 63

Les mois de janvier, février et mars présentent chacun une insuffisance de 6,285 fr. 28 c., ci pour les trois mois. 18,855 84

Partant, il reste encore à l'Établissement un excédant d'Actif de. . 111,920 79

Indépendamment de l'encaisse provenant de l'excédant des annuités s'élevant à l'expiration de la 5ᵉ année à 588,461 fr. 53 c.

La dernière colonne du tableau et la dernière colonne de son complément font ressortir un excédant final de 22,346 fr. 42 c. revenant comme bénéfice à l'Établissement, ainsi que cela est expliqué au chapitre 9.

TABLEAU N° 2.   **VALEUR** de la totalité des annuités non échues aux différentes époques, dans la supposition d'un million de francs d'opérations par mois.

ÉPOQUE A LAQUELLE SONT PARVENUES LES OPÉRATIONS.	PREMIÈRE SÉRIE. Valeur des annuités dont la plus prochaine a encore un mois de terme.	DEUXIÈME SÉRIE. Valeur des annuités dont la plus prochaine a encore deux mois de terme.	TROISIÈME SÉRIE. Valeur des annuités dont la plus prochaine a encore trois mois de terme.	Valeur totale des annuités.
		F. C.	F. C.	F. C.	F. C.
1ʳᵉ année. — 1ᵉʳ trimestre.	1,006,667 00	1,003,333 00	1,000,000 00	3,010,000 00
2ᵉ —	1,998,684 00	1,992,063 00	1,985,444 00	5,976,191 00
3ᵉ —	2,975,899 00	2,966,039 00	2,956,182 00	8,898,120 00
4ᵉ —	3,938,160 00	3,925,109 00	3,912,062 00	11,775,331 00
2ᵉ année. — 1ᵉʳ trimestre.	4,885,311 00	4,868,118 00	4,852,930 00	14,607,359 00
2ᵉ —	5,817,194 00	5,797,909 00	5,778,630 00	17,393,733 00
3ᵉ —	6,733,651 00	6,711,324 00	6,689,004 00	20,133,979 00
4ᵉ —	7,634,520 00	7,609,202 00	7,583,892 00	22,827,614 00
3ᵉ année. — 1ᵉʳ trimestre.	8,519,637 00	8,491,380 00	8,463,132 00	25,474,149 00
2ᵉ —	9,388,838 00	9,357,694 00	9,326,560 00	28,073,092 00
3ᵉ —	10,241,955 00	10,207,977 00	10,174,010 00	30,623,942 00
4ᵉ —	11,078,818 00	11,042,060 00	11,003,314 00	33,126,492 00
4ᵉ année. — 1ᵉʳ trimestre.	11,899,257 00	11,859,773 00	11,820,302 00	35,579,332 00
2ᵉ —	12,703,098 00	12,660,942 00	12,618,802 00	37,982,843 00
3ᵉ —	13,490,165 00	13,445,395 00	13,400,640 00	40,336,200 00
4ᵉ —	14,260,282 00	14,242,953 00	14,165,640 00	42,638,875 00
5ᵉ année. — 1ᵉʳ trimestre.	15,044,369 00	14,963,438 00	14,913,624 00	44,889,431 00
2ᵉ —	15,748,044 00	15,696,669 00	15,644,412 00	47,089,125 00
3ᵉ —	16,466,225 00	16,412,464 00	16,357,822 00	49,236,511 00
4ᵉ —	17,166,726 00	17,110,638 00	17,053,670 00	51,331,034 00

Suite du tableau n° 2.

ÉPOQUE A LAQUELLE SONT PARVENUS LES OPÉRATIONS.	PREMIÈRE SÉRIE. Valeur des annuités dont la plus prochaine a encore un mois de terme.	DEUXIÈME SÉRIE. Valeur des annuités dont la plus prochaine a encore deux mois de terme.	TROISIÈME SÉRIE. Valeur des annuités dont la plus prochaine a encore trois mois de terme.	Valeur totale des annuités.
	F. C.	F. C.	F. C.	F. C.
6e année. 1er trimestre.	17,849,359 00	17,791,004 00	17,731,770 00	53,372,133 00
2e —	18,513,936 00	18,453,374 00	18,391,934 00	55,359,244 00
3e —	19,160,265 00	19,097,557 00	19,038,972 00	57,291,749 00
4e —	19,788,152 00	19,723,360 00	19,657,692 00	59,169,204 00
7e année. 1er trimestre.	20,397,403 00	20,330,589 00	20,262,900 00	60,990,892 00
2e —	20,987,820 00	20,919,047 00	20,849,400 00	62,756,267 00
3e —	21,559,203 00	21,488,535 00	21,416,994 00	64,464,732 00
4e —	22,111,352 00	22,038,853 00	21,965,482 00	66,115,687 00
8e année. 1er trimestre.	22,644,063 00	22,569,798 00	22,494,662 00	67,708,523 00
2e —	23,157,230 00	23,081,165 00	23,004,330 00	69,242,725 00
3e —	23,650,447 00	23,572,748 00	23,494,280 00	70,717,475 00
4e —	24,123,604 00	24,044,338 00	23,964,304 00	72,132,246 00
9e année. 1er trimestre.	24,576,489 00	24,493,724 00	24,414,192 00	73,486,405 00
2e —	25,008,890 00	24,926,694 00	24,843,732 00	74,779,316 00
3e —	25,420,591 00	25,337,033 00	25,252,710 00	76,010,334 00
4e —	25,811,374 00	25,726,524 00	25,640,910 00	77,178,808 00
10e année 1er trimestre.	26,181,021 00	26,094,949 00	26,008,114 00	78,284,084 00
2e —	26,529,310 00	26,442,087 00	26,354,102 00	79,325,499 00
3e —	26,856,017 00	26,767,715 00	26,678,652 00	80,302,384 00
4e —	27,160,918 00	27,071,609 00	26,981,540 00	81,214,067 00
11e année 1er trimestre.	27,443,785 00	27,353,542 00	27,262,540 00	82,059,867 00
2e —	27,704,388 00	27,613,286 00	27,524,425 00	82,839,099 00
3e —	27,942,498 00	27,850,611 00	27,757,965 00	83,551,074 00
4e —	28,157,884 00	28,065,284 00	27,971,928 00	84,195,093 00
12e année 1er trimestre.	28,350,301 00	28,257,070 00	28,163,080 00	84,770,451 00
2e —	28,519,502 00	28,425,733 00	28,331,185 00	85,276,440 00
3e —	28,665,304 00	28,571,034 00	28,476,005 00	85,712,343 00
4e —	28,787,405 00	28,692,732 00	28,597,300 00	86,077,437 00
13e année 1er trimestre.	28,885,581 00	28,790,684 00	28,694,828 00	86,370,999 00
2e —	28,959,586 00	28,864,345 00	28,768,345 00	86,592,276 00
3e —	29,009,172 00	28,913,768 00	28,817,605 00	86,740,545 00
4e —	29,034,091 00	28,938,605 00	28,842,360 00	86,845,056 00

EXPLICATION DU TABLEAU N° 2.

Ce tableau fait connaître en tous temps la situation purement active de l'Établissement.

Il indique, pour la masse des opérations engagées, la valeur totale des annuités non échues d'après la même échelle de réduction proportionnelle.

La troisième colonne de ce tableau mise en regard de la colonne indiquant les obligations en circulation dans le premier tableau, démontre que la puissance des annuités à recevoir se maintient toujours supérieure à celle des obligations à payer.

Exemple.

On veut savoir quel sera le surcroît de puissance des annuités à la 5ᵉ année.

La ligne applicable à la 5ᵉ année dans le tableau n° 2, donne pour la valeur totale des annuités. . . . . 51,331,034 f. 00 c.

Et la ligne du mois de décembre, 5ᵉ année, dans le premier tableau, indique pour le montant des obligation en circulation. . 50,769,230 77

Partant, les annuités à recevoir sont supérieures aux obligations à payer de. 561,803 23

Si l'on ajoute à cette somme l'encaisse provenant de l'excédant accumulé des annuités s'élevant (même ligne du premier tableau) à 588,461 53

Plus les intérêts produits par cet excédant (complément du tableau n° 1ᵉʳ, d'après le compte ci-dessus établi). . . . 111,920 79

On trouve que, dès la 5ᵉ année, l'Actif surpasse le Passif de . 1,262,185 f. 55 c.

Quelle que soit l'époque indiquée, la balance de l'Actif avec le Passif se fera de la même manière et avec la même facilité.

FIN.

www.ingramcontent.com/pod-product-compliance
Ingram Content Group UK Ltd.
Pitfield, Milton Keynes, MK11 3LW, UK
UKHW022332070726
13614UKWH00003B/1053